Revision for

GERMAN

GCSE

• *with answers* •

DAVID HOOD   RICHARD MARSDEN

JOHN MURRAY

In this series:

Acknowledgements

The authors would like to thank Antje Berkemeier and Elizabeth Gobey for many invaluable suggestions.

The publishers would like to thank the following for permission to reproduce text extracts: Verlag Apotheken Umschau, Baierbrunn bei München p.17; Autobahn Tank & Rast AG p.123; Berlin Tourist Information p.136; Brigitte Young Miss pp.12, 38, 39, 55, 97, 99, 102, 134; Deutsche Bahn pp.116, 124, 142; Deutsches Jugendherbergswerk pp.48, 63, 64, 111, 112, 130, 139; Deutsche Pressagentur p.128; The Guardian p.87; Hotel Jenewein, Obergurgl pp.56, 58, 59; Lufthansa pp. 109, 110; Reba Eno Reisen p.70; Stadt Münster Presse- und Informationsamt pp.50, 51, 52, 68; Stern/SOA p.147; T+M Verlagsgesellschaft p.54; WDV Wirtschaftsdienst OHG, Bad Homburg, p.138.

The photograph on page 87 is reproduced courtesy of Popperfoto.

The publishers have made every effort to trace copyright holders, but if they have inadvertently overlooked any they will be pleased to make the necessary arrangements at the earliest opportunity.

First published in 1997
by John Murray (Publishers) Ltd
50 Albemarle Street
London W1X 4BD

Layouts by Stephen Rowling
Artwork by Tom Cross
Cover design by John Townson/Creation

Typeset in 12/14pt Rockwell by Dorchester Typesetting Group Ltd
Printed and bound in Great Britain by St Edmundsbury Press, Bury St Edmunds

A catalogue entry for this title is available from the British Library.

ISBN 0 7195 7309 2

Contents

A Das Alltagsleben

B Familie und Freundeskreis

CONTENTS

C Welt und Umwelt

D Die Arbeitswelt

E Die internationale Welt

Introduction

How to raise your grade with *Revision for German GCSE*

The intention of this book is to ensure that you achieve the best possible grade in your GCSE German. The following notes offer some advice on how best to use the book.

■ **Work on all the units**

The five units of *Revision for German GCSE* deal with the five Areas of Experience you need to cover. Make sure you practise all five areas. The last unit is slightly harder, on average, than the earlier units. Working through the book will help to raise the level of your work. However, if you are working on a particular Area in class, it makes sense to practise tasks from the unit which covers that Area; take your teacher's advice.

■ **Practise all the skills**

Each task has a symbol which indicates which skill is practised in the task:

📺 Listening   ✍ Speaking
📖 Reading   ✍ Writing

You should work on all four skills, but these symbols make it easy for you to find tasks which concentrate on the skills you need to practise most.

■ **How hard are the tasks?**

The tasks are aimed at Grade C and above, but the difficulty varies within a unit, so you should find that you can gradually do more and more of the tasks.

■ **Follow the tasks in order**

Most of the printed texts and listening items have more than one task based on them. It is best to follow the tasks in order, as the last tasks are often the hardest. So, make sure you start with the first of the tasks, even if it looks easy to you.

■ **Use the cassette**

The cassette includes not only the Listening items, but also a recording of the 'examiner's' part for each Speaking role play. This enables you to practise role plays independently. The transcripts of the cassette recordings are provided at the back of the book, but you should refer to them only *after* completing work on a task – either to check your answers or to check any part of the recording you could not understand.

■ **Check your Listening and Reading work**

After each Listening or Reading task there is an indication of the maximum marks attainable for that task, and a 'target mark', for example **[9 Punkte: 🎯 6/9]**. This gives you an indication of the score that might be expected of a student working at Grade C level. Occasionally, for easier tasks, the target is full marks. When you have finished a section of work, you can check your answers against the answers at the back of the book, but of course your marking needs to be completely honest if it is to be useful!

■ **Check your Speaking and Writing work**
There are no marks indicated for Speaking and Writing tasks, as it is almost impossible to self-check performance in these skills. For these tasks, your teacher or supervisor will need to check your work, so when you are working on your own, you will need to make a recording of your Speaking tasks.

Using a dictionary

■ You will be allowed a dictionary in the GCSE examination, except (for most examination boards) in the Listening. There are obvious advantages to this, but there are also problems. Using a dictionary can be very time-consuming and, if a word has more than one meaning – many do! – you might end up using the wrong one. Try to use the dictionary as little as possible.

■ If you are reading and come across a German word you don't know, ask yourself two crucial questions:
– Is it essential to understand that word in order to answer the questions? If not, don't waste time on it!
– What is the context? Looking carefully at the context may enable you to guess the likely meaning before you check it in the dictionary. This will save time and effort.

■ If you are writing in German try to stick to the vocabulary you know – it is safer, and quicker. If you have to look something up, read the dictionary entry carefully to make sure the meaning of the German word is really the one you want.

Strategies for a successful revision programme

■ Once you have attempted a task, come back to it a couple of weeks later, if you did not achieve the target minimum (Reading or Listening tasks) or if you want to improve your mark.

■ With Listening tasks, feel free to listen as many times as you like before starting your task, when you start your revision and practice programme. However, as you approach exam time, it would be sensible to tackle some listening tasks according to the timing and play-back requirements of your GCSE exam – check these with your teacher or syllabus.

■ With role play tasks, take some time to prepare what you are going to say before you start the cassette. In the exam, there will be around ten minutes to prepare (check with your teacher as to exactly how long your particular exam will allow).

■ Each week, flick back through the work you did, say a fortnight ago, to help your memory retain as much as possible of what you have done. Now and then, look back further – you'll be surprised to see how much easier those tasks now seem!

■ When you have finished work on a particular piece, learn the key vocabulary that went with it. Here are two techniques you could try:
– Record vocabulary on cassette and play it back when you have the opportunity, for example when you are walking the dog, on the way to school/college, washing up, baby-sitting, just before you go to sleep, etc.
– Cut up some card and write a word or phrase on each piece – German on one side, English on the other. Test yourself using the cards and put them into two piles – one for the words or phrases you know, one for those you still need to learn. Put the words you have learnt to one side and come back to them a week later to make sure you still remember them.

ABC exam tips

Use the tasks in *Das stimmt!* to practise following these three key ABC routes to exam success:

A ANSWER WHAT IS ASKED It is crucial to read the instructions calmly and carefully to make sure you are answering the question.

B BEAT THE CLOCK To make the most of the time available, do what you can and then come back to the most difficult questions. Don't spend fifteen minutes on a one-point question until you have been right through the paper – you could be using that time to score far more points on another task.

C THE CONTEXT COUNTS The context will often help you to work out the likely meanings of unfamiliar words.

Glossary of German instructions

These instructions (or 'rubrics') are similar to the ones you will find in your GCSE examination papers and they are used throughout this book to give you practice in the kind of tasks you will be doing in the exam. The English translations are given here so that if you are not sure what you should be doing for a particular task, you can check the meaning of the instructions. However, you will quickly become used to the German instructions and should soon be able to follow them without reference to these tables.

Speaking

German instruction	English meaning
Antworten Sie auf deutsch.	Answer in German.
Äußern Sie sich dazu.	Respond.
Beantworten Sie die Frage(n) (auf deutsch).	Answer the question(s) (in German).
Begrüßen Sie den/Danken Sie dem/Nehmen Sie Abschied von dem. . .	Greet/Thank/Say goodbye to . . .
Beschreiben Sie. . .	Describe. . .
Erklären Sie, warum/wie/wofür. . .	Explain why/how/for what purpose. . .
Erzählen Sie. . .	Report/Relate. . .
Fangen Sie. . . an.	Start. . .
Fragen Sie nach. . .	Ask about. . .
Geben Sie (die folgenden) Informationen.	Give (the following) information.
Machen Sie einen Dialog/das Rollenspiel.	Carry out a dialogue/the role play.
Melden Sie sich.	Say who you are (on the phone).
Sagen Sie. . .	Say. . .
Schlagen Sie vor. . .	Offer/Suggest. . .
Sehen Sie sich. . . an.	Look at. . .
Sie sollen über. . . sprechen.	You are to talk about. . .
Stellen Sie sich vor. . .	Imagine. . .
Wiederholen Sie. . .	Repeat. . .

Listening

German instruction	English meaning
Antworten Sie (auf deutsch).	Answer (in German).
Beantworten Sie die Fragen (auf deutsch).	Answer the questions (in German).
Bevor Sie das Gespräch hören. . .	Before you listen to the conversation. . .
Ergänzen Sie die Tabelle/die Lücken.	Complete the table/the blanks.
Füllen Sie die Lücken aus.	Fill in the blanks.
Füllen Sie die Tabelle für jede Person aus.	Fill in the grid for each person.
Für jede Frage haben Sie (vier) Antworten.	For each question you have a choice of (four) answers.
Kreuzen Sie das richtige/passende/entsprechende Kästchen an.	Cross the correct/appropriate box.
Kreuzen Sie nur (1, 2, 3 usw.) Kästchen/Buchstaben an.	Cross only (1, 2, 3 etc.) boxes/letters.
(Hier ist ein) Beispiel.	(Here is an) example.
Hören Sie der Kassette (noch einmal) zu/Hören Sie sich die Kassette (noch einmal) an.	Listen to the cassette (again).
Jetzt hören Sie (zwei, usw.) Personen, die. . .	You will now hear (two, etc.) people . . .
Jetzt hören Sie ein Gespräch/eine Sendung/einen Bericht/einen Dialog.	You will now hear a conversation/a broadcast/a report /a dialogue.
Jetzt spricht X über. . .	Now X is talking about. . .
Korrigieren Sie die folgenden Sätze auf deutsch.	Correct the following sentences in German.
Machen Sie Notizen über. . .	Note down/Make notes on. . .
Ordnen Sie. . .	Put. . . in the right order.
Richtig oder Falsch? Schreiben Sie **R** oder **F**.	True or false? Write down **R** or **F**.
Schreiben Sie den richtigen Buchstaben in jedes Kästchen.	Write the correct letter in each box.
Sehen Sie sich. . . an.	Look at. . .
Setzen Sie die Satzhälften zusammen.	Match the sentence halves.
Sie besprechen. . .	They are talking about. . .
Sie hören (zweimal). . .	You will hear (twice). . .
Sind die folgenden Sätze richtig, falsch oder nicht im Hörtext?	Are the following true, false, or not mentioned?
Tragen Sie den richtigen Buchstaben in jedes Kästchen ein.	Insert the correct letter in each box.
Verbessern Sie die Sätze.	Correct the sentences.
Verbinden Sie. . .	Match up. . .
Wählen Sie das Bild, das am besten paßt.	Choose the picture which corresponds best.
Wählen Sie die Wörter aus der Liste. Sie brauchen nicht alle Wörter.	Choose from the words in the list. You will not need all the words.
Wählen Sie die Zeichnung/Beschreibung/Nummer/Antwort, die am besten paßt.	Choose the picture/description/number/answer which corresponds best.
Wählen Sie das richtige/passende Bild.	Choose the right picture.
Wählen Sie/Schreiben Sie den Buchstaben, der am besten paßt.	Choose the letter which corresponds best.

Listening (continued)

German instruction	English meaning
Wählen Sie/Schreiben Sie den richtigen/passenden Buchstaben.	Choose the right letter.
Wählen Sie/Schreiben Sie die richtige/passende Zeichnung/Beschreibung/Nummer/Antwort.	Choose the right picture/description/number/answer.
Während Sie zuhören. . .	While you are listening. . .
Was braucht man?	What is wanted/needed?
Was fehlt hier?	What is wrong?/Find the error(s).
Was ist richtig: **a**, **b** oder **c**?	Which is correct: **a**, **b** or **c**?
Was paßt zusammen?	Which ones go together?
Was wird angeboten?	What is being offered?
Welches. . . ist gemeint?	To which. . . does it refer?
Welche Person/Wer (ist das)?	Who (is it)?
Welche. . . werden erwähnt/nicht erwähnt?	Which. . . are mentioned/not mentioned?
Welcher Satz ist richtig?	Which sentence is correct?
Welcher Satz paßt zu welchem Bild/Thema?	Which sentence goes with which picture/topic?
Welche Überschriften/Titel passen zu den Zeichnungen?	Which captions/headings go with the pictures?
Welche Wörter/Zahlen passen in die Lücken?	Which words/figures go in the gaps?
Wer sagt das?	Who says. . .?
Zwei Personen sprechen/reden über. . .	Two people are talking about. . .

Reading

German instruction	English meaning
Antworten Sie (auf deutsch).	Answer (in German).
Beantworten Sie die Fragen (auf deutsch).	Answer the questions (in German).
Er/Sie schreibt über. . .	He/She is writing about. . .
Ergänzen Sie die Tabelle/die Lücken.	Complete the table/the blanks.
Finden Sie die Wörter/Sätze.	Find the words/phrases.
Füllen Sie die Lücken aus.	Fill in the blanks.
Füllen Sie die Tabelle für jede Person aus.	Fill in the grid for each person.
Füllen Sie die Tabelle aus.	Fill in the grid.
Für jede Frage haben Sie (vier) Antworten.	For each question you have a choice of (four) answers.
Kreuzen Sie das richtige/entsprechende/passende Kästchen an.	Cross the correct/appropriate box.
Kreuzen Sie nur (1, 2, 3 usw.) Kästchen/Buchstaben an.	Cross only (1, 2, 3 etc.) boxes/letters.
(Hier ist ein) Beispiel.	(Here is an) example.
In einer deutschen Zeitung lesen/sehen Sie. . .	In a German newspaper you read. . .
Korrigieren Sie die (folgenden) Sätze auf deutsch.	Correct the (following) statements in German.

Reading (continued)

German instruction	English meaning
Lesen Sie den (folgenden) Artikel/Brief.	Read the (following) article/letter.
Lesen Sie die (folgende) Postkarte/Beschreibung/Broschüre/Anzeige.	Read the (following) postcard/description/brochure/advertisement.
Lesen Sie noch einmal. . .	Read. . . again.
Machen Sie einen Kreis um „Ja" oder „Nein".	Draw a circle round 'Ja' or 'Nein'.
Machen Sie Notizen über. . .	Note down/Make notes on. . .
Ordnen Sie. . .	Put. . . in the right order.
Richtig oder Falsch? Schreiben Sie **R** oder **F**.	True or false? Write down **R** or **F**.
Schreiben Sie den richtigen Buchstaben in jedes Kästchen.	Write the correct letter in each box.
Sehen Sie sich. . . an.	Look at. . .
Setzen Sie die Satzhälften zusammen.	Match the sentence halves.
Sind die folgenden Sätze falsch, richtig oder nicht im Lesetext?	Are the following true, false, or not mentioned?
Tragen Sie den richtigen Buchstaben in jedes Kästchen ein.	Insert the correct letter in each box.
Verbessern Sie die Sätze.	Correct the sentences.
Verbinden Sie. . .	Match up. . .
Wählen Sie das Bild, das am besten paßt.	Choose the picture which corresponds best.
Wählen Sie das richtige/passende Bild.	Choose the right picture.
Wählen Sie die Wörter aus der Liste. Sie brauchen nicht alle Wörter.	Choose from the words in the box. You will not need all the words.
Wählen Sie/Schreiben Sie den Buchstaben, der am besten paßt.	Choose the letter which corresponds best.
Wählen Sie/Schreiben Sie den richtigen/passenden Buchstaben.	Choose the right letter.
Wählen Sie/Schreiben Sie die richtige/passende Zeichnung/Beschreibung/Nummer/Antwort.	Choose the right picture/description/number/answer.
Wählen Sie/Schreiben Sie die Zeichnung/Beschreibung/Nummer/Antwort, die am besten paßt.	Choose the picture/description/number/answer which corresponds best.
Was braucht man?	What is wanted/needed?
Was fehlt hier?	What is wrong?/Find the error(s)/What is missing?
Was ist richtig: **a**, **b** oder **c**?	Which is correct: **a**, **b** or **c**?
Was paßt zusammen?	Which ones go together?
Was wird angeboten?	What is being offered?
Was/Welches. . . ist gemeint?	To what/which. . . does it refer?
Welche Person?/Wer ist das?	Who is it?
Welche. . . werden erwähnt/nicht erwähnt?	Which. . . are mentioned/not mentioned?
Welcher Satz ist richtig?	Which sentence is correct?
Welcher Satz paßt zu welchem Bild/Thema?	Which sentence goes with which picture/topic?
Welche Überschriften/Titel passen zu den Artikeln/Zeichnungen?	Which headings/captions go with the articles/pictures?
Welche Wörter passen in die Lücken?	Which words go in the gaps?

Writing

German instruction	English meaning
Antworten Sie (auf deutsch).	Answer (in German).
Beantworten Sie alle Fragen.	Answer all the questions.
Beschreiben Sie. . .	Describe. . .
Beschreiben Sie/Erklären Sie/Erzählen Sie, was passiert ist.	Describe/Explain/Relate what happened.
Ergänzen Sie die Tabelle/die Lücken.	Fill in the table/the blanks.
Erklären Sie, warum/wie/wofür. . .	Explain why/how. . .
Erzählen Sie. . .	Relate/report. . .
Fangen Sie. . . an.	Start. . .
Füllen Sie das Formular/den Fragebogen aus.	Fill in the form/questionnaire.
Geben Sie Informationen über. . .	Give some information about. . .
Schreiben Sie (ungefähr) 100 Worte.	Write (about) 100 words.
Schreiben Sie eine kurze Antwort/eine Liste/eine Postkarte/ einen Brief/einen Bericht/eine Bewerbung.	Write a short reply/a list/a postcard/a letter/a report/ an application.
Sie sollen. . . schreiben	You should write. . .
Stellen Sie ein paar Fragen über. . .	Ask a few questions about. . .
Stellen Sie sich vor. . .	Introduce yourself/Imagine.
Vergleichen Sie. . .	Compare. . .
Wählen Sie eines der folgenden Themen.	Choose one of the following themes.
Wählen Sie entweder Thema A oder Thema B.	Choose topic A or topic B.

 # Das Alltagsleben

Meine Familie

Hallo Anna!

Zur Zeit habe ich mal wieder Ferien und Zeit Dir einen Brief zu schreiben. Bei uns ist mal wieder viel los. Meine große Schwester zieht in ein paar Monaten um, da ihr Verlobter in Esslingen studieren will und Kaiserbach (da wohnt sie zur Zeit) zu weit weg ist. Meine kleinste Schwester hat Sorgen mit ihrem Freund. Meine andere Schwester heiratet in ein paar Monaten (sie ist schwanger). Du hättest dabei sein sollen, als sie das meinen Eltern erzählt hat. Eine Woche haben beide verrückt gespielt. Und jetzt kann man sie einigermaßen ertragen. Mein Opa war zwei Wochen lang im Krankenhaus.

Marion (die jüngste Schwester) und ich haben letzte Woche zusammen georgelt in der Kirche (ich war froh, dass nicht viele Leute da waren und unsere Fehler gehört haben). Sonst geht es uns aber allen prima. Meine Mutter geht nach den Ferien wieder arbeiten; ein Jahr hat sie jetzt schon „Urlaub" und wird ihre Arbeit bestimmt schon vermisst haben.

Ich hoffe, es geht Euch allen gut.
Viele Grüße, besonders an Edna!

Christina

Frohe Ostern!

 ## 1 Lesen und antworten

Was paßt zusammen?

1 Christinas ältere Schwester…	**a** … kriegt ein Baby.
2 Ihr Verlobter…	**b** … war neulich krank.
3 Christinas jüngere Schwester…	**c** … spielt Orgel.
4 Christinas andere Schwester…	**d** … hofft, bald sein Studium zu beginnen.
5 Christinas Opa…	
6 Christina	**e** … waren letzte Woche in der Kirche.
7 Nicht viele Leute…	**f** … hat Liebeskummer.
8 Christinas Mutter…	**g** … geht an die Arbeit zurück.
	h … hofft bald umzuziehen.

[8 Punkte: 5/8]

Hausaufgaben und Schule

1 Hören und antworten

Hören Sie sich die Kassette an.

Vier Leute sagen ihre Meinung zum Thema Hausaufgaben. Sind sie für oder gegen Hausaufgaben? Warum?/Warum nicht? Wieviele Hausaufgaben bekommen sie?

Füllen Sie die Tabelle für jede Person aus.

Name	Für/Gegen	Warum?/Warum nicht?	Wieviel?
1 Jürgen			
2 Birgit			
3 Wolf			
4 Marga			

[12 Punkte: **9/12**]

2 Sprechen

Hören Sie sich die Kassette an.

Beantworten Sie die Fragen über Schule und Schularbeit.

3 Sprechen

Erzählen Sie von Ihrer Schule.

Sie sollen ungefähr eine Minute sprechen.

- Wieviele Schüler/innen?
- Wieviele Lehrer/innen?
- Jungen? Mädchen? Gemischt?
- Was lernt man hier?
- Alt? modern? schön? häßlich?
- Sport? Theater? Musik?
- Sportplätze? Turnhalle? Bibliothek? Schwimmbad?

4 Schreiben

Schreiben Sie einen Brief an einen deutschen Freund/eine deutsche Freundin. Beschreiben Sie einen typischen Schultag.

Schreiben Sie:

- Wie Sie zur Schule kommen
- Wann der Schultag beginnt/endet
- Wieviele Stunden Sie pro Tag haben
- Wann die Pausen sind
- Was Sie in der Mittagspause machen.

Ein typischer Schultag

 ## 1 Lesen und antworten

Lesen Sie den Brief und beantworten Sie die Fragen auf deutsch.

Liebe Pamela

Schon wieder Schule! Die schönen Sommerferien in England sind jetzt nur eine ferne Erinnerung. Wir sind am Dienstag wieder zur Schule gegangen. Schon wieder muß ich um 6 Uhr 10 aufstehen. So früh! Ich dusche und wasche mir jeden Morgen die Haare und ich muß bis 6 Uhr 30 im Badezimmer fertig sein – sonst wird mein Vater böse!

Ich frühstücke ganz schnell mit der Familie und dann muß ich um 7 Uhr 10 an der Bushaltestelle sein. Die Fahrt zur Schule ist ziemlich lang – 40 Minuten. Wir müssen um 7 Uhr 55 im Klassenzimmer sein, denn der Unterricht beginnt pünktlich um 8 Uhr.

Am Nachmittag ist noch alles nicht vorbei, denn ich mache 2 bis 3 Stunden Hausaufgaben pro Tag. Das ist viel zu viel! Da war neulich eine Umfrage in einer Zeitschrift – ich habe gelesen, daß deutsche Schüler und Schülerinnen im Durchschnitt vierzig Minuten pro Tag länger Hausaufgaben machen als Ihr in Großbritannien. Das kann ich mir vorstellen! Mein ganzes Leben heißt Schule, Hausaufgaben, Wiederholung.

Da stand auch in der Umfrage etwas über Taschengeld. Wieviel Taschengeld bekommst Du eigentlich, Pamela? Ich bekomme nur 15 Mark die Woche, aber im Durchschnitt bekommen Deutsche mit 15 Jahren 22 Mark. Das find' ich gemein. Ich will streiken! Ich brauche mein Geld – für CDs, Zeitschriften und für den Sportverein, wo ich dreimal pro Woche mit der Steffi hingehe. Es ist toll. Aber es kostet eine Menge Geld.

Wie geht's bei Dir und Deiner Familie? Bist Du immer noch mit dem häßlichen James befreundet? Du Arme! Ist Deine Schule auch so scheußlich?
Bitte schreib' bald
Grüße und Küsse

Deine Sabine

---

1 Wann ist Sabine wieder zur Schule gegangen?

.... [1]

2 Wann steht sie morgens auf?

.... [1]

3 Was macht sie im Badezimmer?

.... [1]

4 Wie fährt sie zur Schule?

.... [1]

---

5 Wo muß sie um fünf Minuten vor acht sein?

.... [1]

6 Wieviele Hausaufgaben macht Sabine?

.... [1]

7 Wieviel Taschengeld bekommt ein 15-Jähriger im Durchschnitt?

.... [1]

8 Wofür braucht Sabine ihr Geld?

.... [3]

[10 Punkte: 7/10]

2 Schreiben

Schreiben Sie eine Antwort an Sabine.

Sie sollen folgendes schreiben:

- Wann Sie morgens aufstehen
- Was Sie in der Schule machen
- Wie Sie zur Schule fahren
- Was Sie am Abend nach der Schule machen
- Wie Sie das finden.

Schreiben Sie ungefähr 100 Worte.

3 Sprechen

Beschreiben Sie Ihren Tagesablauf.

Sie sollen ungefähr eine Minute sprechen.

- Wann stehen Sie auf?
- Was machen Sie vor der Schule?
- Wann verlassen Sie das Haus?
- Wie fahren Sie zur Schule?
- Was machen Sie nach der Schule?
- Was machen Sie an einem typischen Abend – Fernsehen, Essen, Hobbys, Hausaufgaben?
- Wie helfen Sie im Haushalt?

Irene beschreibt ihre Schule

 1 Lesen und antworten

Lesen Sie den Brief und beantworten Sie die Fragen.

Liebe Claudia!

Schon wieder Schule. Ich finde es so gemein, daß ich sitzengeblieben bin. Ich habe letztes Jahr zwar fleißig gearbeitet, habe aber trotzdem in zwei Fächern eine Fünf bekommen. Da ich in den anderen Fächern auch nur Vieren hatte, habe ich keinen Ausgleich und bin deswegen nicht in die 11. Klasse versetzt worden, sondern muß die 10. noch einmal machen. So eine Unverschämtheit! Und die doofen Schüler in dieser Klasse – die sind wie kleine Kinder, machen Dummheiten und haben keine Lust zu arbeiten.

Ich habe immer noch Herrn Zdanowski in Deutsch – Du hast ihn sicher nicht vergessen – den großen mit der Brille und den langen, buschigen Haaren. Und die Frau Ferle ist immer noch hier – unterrichtet Kunst. Ich finde sie wirklich traurig. Sie interessiert sich für diese dummen Künstler, die uns so-o-o langweilig vorkommen.

Ich habe einen neuen Sportlehrer – Herrn Jonssen. Der ist ganz jung und sieht sportlich und energisch aus, ist aber bis jetzt nicht so freundlich gewesen.

Wir machen nächsten Monat eine Klassenfahrt nach Brodenbach an der Mosel. Ich freue mich eigentlich nicht sehr darauf, obwohl es sicherlich besser sein wird als in diesem Gefängnis.

Wie sieht es bei Dir aus? Wie gefallen Dir Dein neues Haus und Deine neue Schule? Welche Fächer hast Du dieses Jahr? Was für Sportmöglichkeiten gibt es an Deiner Schule? Schreib' bald wieder!

Tschüß, Deine Irene

Falsch oder richtig? Kreuzen Sie die richtigen Kästchen an.

	F	R
1 Irene mußte sitzenbleiben.		
2 Sie ist neulich in die 11. Klasse gegangen.		
3 Ihr gefällt die neue Klasse.		
4 Sie hat einen neuen Deutschlehrer.		
5 Sie findet Kunst uninteressant.		
6 Sie hat eine neue Sportlehrerin.		
7 Sie freut sich sehr auf die Klassenfahrt.		
8 Claudias Familie hat ein neues Haus.		

[8 Punkte: 6/8]

 ## 2 Schreiben

Schreiben Sie eine Antwort an Irene.

Erzählen Sie ihr von Ihrer Schule.

- Welche Fächer lernen Sie gern?
- Welche Fächer lernen Sie nicht gern?
- Wieviele Schüler/innen, Lehrer/innen sind an der Schule?
- Sport, Musik, Klubs?
- Hausaufgaben?
- Prüfungen?

Schreiben Sie ungefähr 150 Worte.

Unsere Partnerschule

 1 Hören und antworten

Erika, Klaus, Rainer und Betty waren in Großbritannien. Sie haben eine Woche in ihrer Partnerschule verbracht. Sie sprechen darüber.

Hören Sie sich die Kassette an. Was erwähnen sie? Schreiben Sie die passenden Buchstaben in die Kästchen.

Beispiel: *Uniform (Jungen):*

a *blaue Jacke*	**e** *dunkler Rock*
b *braune Jacke*	**f** *brauner Schal*
c *grüner Schlips*	**g** *grüne Jacke*
d *gestreifter Schlips*	**h** *blaues Hemd*

`d` `g` [2]

1 Uniform (Mädchen):

a Schlips	**d** schwarze Hose
b weißer Rock	**e** rote Bluse
c dunkler Rock	

☐☐ [2]

2 Schultag:

a beginnt um 9 Uhr
b beginnt kurz vor neun
c beginnt kurz nach neun

☐ [1]

3 Essen:

a Obst	**d** Fisch
b Suppe	**e** Butterbrote
c Kartoffelchips	**f** Pommes Frites

☐☐ [2]

4 Klubs, usw:

a Tennis	**d** Fußball
b Orchester	**e** Handball
c Schach	**f** Briefmarken

☐☐ [2]

5 Unterricht:

a Gespräche	**d** Lesen
b Gruppenarbeit	**e** Aufsätze
c Videos	

☐☐ [2]

6 Assembly:

a interessant
b uninteressant

☐ [1]

7 Rauchen:

a im Unterricht erlaubt
b in den Pausen nicht erlaubt
c Lehrer dagegen
d in der Raucherecke erlaubt

☐☐ [2]

[12 Punkte: 8/12]

2 Sprechen: Rollenspiel

Hören Sie sich die Kassette an.

Ein Gast aus der Schweiz verbringt einen Tag an Ihrer Schule. Er stellt Fragen über das Programm.

Sehen Sie sich die Details an und beantworten Sie seine Fragen.

Details

8.55 – Schule beginnt. Assembly.

1. Stunde – Erdkunde. Raum 201. Frau Martin.

Pause (10.45) – Brote mitnehmen.

2. Stunde – Mathe. Raum 305. Herr Michael.

Mittagessen – Speisesaal. Kostenlos für Schweizer Gäste.

3. Stunde (13.15) – Kunst. Kunstraum (2. Stock). Frau Ball.

Pause

4. Stunde – Sportzentrum (Badminton, Schwimmen oder Tischtennis)

16.00 – nach Hause (Treffpunkt – Busparkplatz)

Peters Stundenplan

 ## 1 Lesen und antworten

Sehen Sie sich diesen Stundenplan an und beantworten Sie die Fragen auf deutsch.

⏰	MON	DIE	MIT	DON	FRE	SA
8:00 – 8:45	Chemie	Englisch	Physik	Erdkunde	Wirtschaft	
8:45 – 9:30	Bio	Reli	Mathe	Bio	Französisch	
9:50 – 10:35	Deutsch	Geschichte	Englisch	Physik	Deutsch	
10:35 – 11:20	Geschichte	Mathe	Musik	Französisch	Englisch	
11:35 – 12:20	Sport	Kunst	Französisch	Deutsch	Mathe	
12:20 – 13:05	Sport	Mathe	Chemie	Reli	/	
14:00 – 14:45		Physik/Chemie				
14:45 – 15:30		Übung Physik/Chemie				

1 Wie oft in der Woche hat Peter Bio?

.... [1]

2 Wann beginnt die erste Stunde?

.... [1]

3 An welchen Tagen hat Peter *keine* Mathematik?

.... [2]

4 Welche Fremdsprachen lernt er?

.... [2]

5 Was hat Peter am Dienstag in der letzten Stunde?

.... [2]

[8 Punkte: 🎯 6/8]

Schüleraustausch in Spandau

 1 Lesen und antworten

This text appeared in a Berlin newspaper during a visit by a group of British pupils.

Read it and answer the questions in English.

Berlin – spannend und interessant
von Michael Johnson

Mit 14 anderen Schülern aus Southwell in der Nähe von Nottingham bin ich zu einem einwöchigen Schüleraustausch in Spandau. Zwischen unserer Schule und der Heinrich-Böll-Oberschule bestehen Kontakte, und sie gipfeln zweimal im Jahr in Besuchen und Gegenbesuchen.

Zu Hause haben wir uns intensiv auf den Besuch in Berlin vorbereitet, wobei die Besichtigung von historischen Stätten im Mittelpunkt steht. Neben Reichstag und Brandenburger Tor stehen auch die Gedenksstätte „Topographie des Terrors" und das ehemalige Konzentrationslager Sachsenhausen auf dem Programm.

Wir haben den Auftrag, über bestimmte Epochen der Berliner Geschichte zu referieren, angefangen von Friedrich dem Großen bis hin zum Mauerfall und zur Wiedervereinigung.

LESER MEINUNG

Daneben bleibt aber auch Zeit, um zusammen mit unseren Gastgebern die Stadt anzusehen. So war ich schon in der Spandauer Altstadt und auch auf dem Alexanderplatz. Natürlich haben wir auch unsere Partnerschule und das Leben dort kennengelernt.

Gerade dabei ist mir aber auch aufgefallen, daß in den Schulen hier vieles anders ist als bei uns. Es ist hier weniger streng. Und nicht nur deshalb, weil die Schüler keine Uniformen tragen. Hier habe ich sogar eine Raucherecke entdeckt.

Die Interessen der deutschen Jugendlichen sind dagegen unseren sehr ähnlich. Wenn wir uns über Musik oder Kinofilme unterhalten, zum Beispiel. Und schließlich finde ich es einfach spannend, in Berlin zu sein. Das ist einfach ein riesiger Unterschied zu unserer 8000-Einwohner Stadt.

1 How long is Michael spending in Berlin?

.... [1]

2 How often do visits between the two schools take place?

.... [1]

3 Why did he feel the need to do intensive preparation at home?

.... [1]

4 How do you know that he has had plenty of free time?

.... [1]

5 What has particularly struck him about the German school? (Mention **three** things.)

.... [3]

6 In what respects does he identify with his German hosts?

.... [2]

[9 Punkte: 6/9]

Ich muß die 9. Klasse wiederholen

 1 Lesen und antworten

Sitzengeblieben – jetzt verliere ich meine Freunde

Ich muß die 9. Klasse wiederholen. Das macht mich tierisch fertig. Nicht wegen der Schule, sondern weil ich Angst habe, meine Freunde zu verlieren. In den Sommerferien war ich noch ganz zuversichtlich, weil wir uns wie bisher getroffen haben. Aber jetzt rufen sie schon seltener an, und bei den Treffen kann ich nicht mehr so richtig mitreden. In der neuen Klasse sind mir alle viel zu kindisch. Die paar Leute, die mich da interessieren, gehören zu einer festen Clique – da komme ich nicht hinein. Sandra, 15

Du mußtest viel Vertrautes aufgeben, und das Neue erscheint dir fremd. Zu spüren, daß der Abstand zu alten Freunden wächst, macht dich natürlich unglücklich. Andererseits liegt hier auch die Chance, ganz neu anzufangen. Die Unsicherheit gegenüber deinen Mitschülern ist normal, ihr müßt euch eben erst kennenlernen. Deine Pluspunkte: Du bist älter und erfahrener, du hast den Stoff dieses Schuljahres schon mal gehabt. Das macht dich interessant. Wenn du dich nicht überheblich gibst (nach dem Motto: „Ihr seid mir viel zu kindisch!"), sondern offen und kameradschaftlich, wirst du bald Kontakte finden. Warum sollte sich die Clique nicht für dich interessieren? Laß dir Zeit. Du brauchst dich nicht anzubiedern, aber sprich die Leute, die du magst, freundlich an. Frag sie was über die Lehrer, zeig einfach Interesse. Du stehst bestimmt nicht lange allein da.

Read this magazine extract and answer the questions in English.

1 What worries Sandra most about having to repeat the year?

.... [1]

2 How has the situation changed since the summer holidays?

.... [2]

3 Why can't she make friends in her new class?

.... [1]

4 What, according to the magazine writer, are the advantages in Sandra's position?

.... [2]

5 The writer advises Sandra to:
   a make sure she stays in contact with her old friends
   b be open and friendly towards her new classmates
   c cultivate new interests outside school
   d accept that she is more mature than her classmates and seek friends elsewhere.
   Write a, b, c or d in the box: ☐ [1]

6 The writer suggests that Sandra should
   a ask her classmates about the teachers
   b ask her classmates about their own hobbies and interests
   c make sure she has a chat with her old teachers
   d form her own group of friends and not see her previous friends.
   Write a, b, c or d in the box: ☐ [1]

[8 Punkte: **6/8]**

Was tut weh?

 1 Hören und antworten

Was tut diesen Leuten weh? Hören Sie der Kassette zu und schreiben Sie die richtige Zahl in jedes Kästchen.

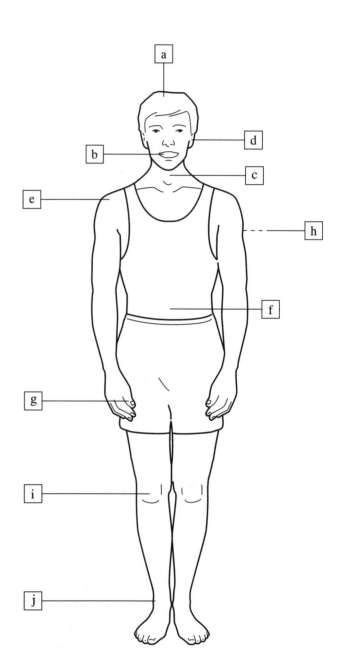

Beispiel:	**a**	7
	b	
	c	
	d	
	e	
	f	
	g	
	h	
	i	
	j	

[9 Punkte: 6/9]

Reiseapotheke – was gehört hinein?

a Schmerzmittel gegen Kopf-, Zahn- und Regelschmerzen

b Fieberthermometer, Grippetabletten

c Mittel gegen Magen- und Darmbeschwerden

d Präparate gegen Insektenstiche und Insektenschutzmittel

e Sonnenbrand-Salbe, Sonnenschutzmittel

f Brand- und Wundsalbe

g Dreieckstuch (für Arm- und Schulterverletzungen)

h Pflaster-Set

i Elastische Binden, Verbandpäckchen

1 Lesen und antworten

Was brauchen diese Leute aus ihrer Reiseapotheke? Schreiben Sie den
passenden Buchstaben in jedes Kästchen.

Beispiel: 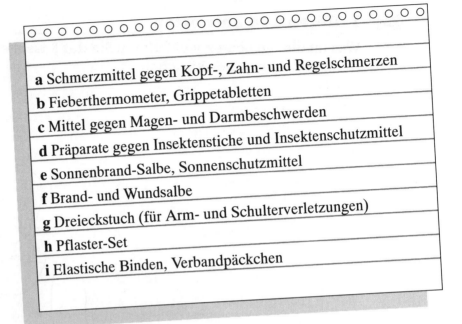 [f]

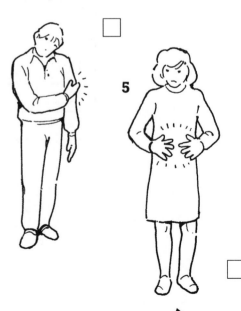

Beispiel: [f]

1  ☐

2  ☐

3 ☐

4 ☐

5 ☐

☐

[5 Punkte: 4/5]

Reiseapotheke – was nimmt man mit?

 ## 1 Hören und antworten

Was nehmen diese Freundinnen mit, wenn sie in Urlaub fahren? Kreuzen Sie die passenden Kästchen an.

Was?	Ja	Nein	Nicht erwähnt
Beispiel:	X		
1			
2			
3			
4			
5			
6			
7			
8			
9			
10			

[10 Punkte: 7/10]

2 Sprechen: Rollenspiel

Es geht Ihnen nicht besonders gut. Sie gehen in die Apotheke.

Hören Sie der Kassette zu. Machen Sie das Rollenspiel.

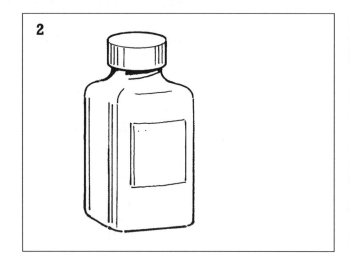

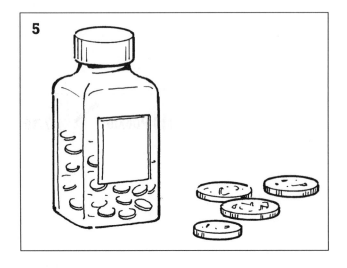

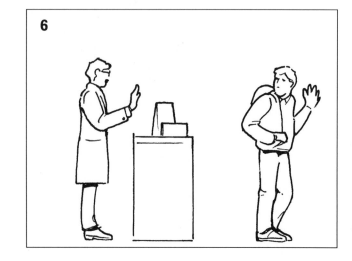

Gesundheit aktuell

1 **Eine zweite große (a)** .... soll im badischen Lahr errichtet werden. Neben dem 1994 eröffneten „Deutschen Herzzentrum Lahr" soll hier eines der (b) .... Herzzentren Europas entstehen. Dazu gehören ein Krankenhaus mit (c) .... Betten und eine Reha-Klinik mit 600 Betten.

2 **Mindestens 10 000 Retortenbabys** sind in Japan seit (d) .... auf die Welt gekommen. Diese Zahl gab die (e) .... Gesellschaft für Gynäkologie jetzt bekannt. Allein 1993 suchten rund 18 000 japanische (f) .... Hilfe bei diesem Problem in speziellen Kliniken.

3 **Die (g)** .... **der Drogentoten** ist im ersten Halbjahr 1995 zurückgegangen. Wie der Drogenbeauftragte der Bundesregierung, Eduard Lintner, mitteilte, sind in den ersten sechs Monaten dieses Jahres 682 Menschen ihrer Sucht zum Opfer gefallen, das waren 103 (h) .... weniger als im gleichen (i) .... des Vorjahres.

1 Lesen und antworten

Welche drei Überschriften passen zu den Artikeln? Schreiben Sie die richtigen Nummern in die Kästchen.

a Erfolg im Kampf gegen Drogen ☐

b Wissenschaft bringt Glück für Eltern im Fernosten ☐

c Kinder mit Herzfehlern können Sport treiben ☐

d Mehr Betten für Herzkranke ☐

[3 Punkte: 3/3]

2 Lesen und antworten

Welche Wörter passen in die Lücken in den Artikeln? Schreiben Sie den passenden Buchstaben in jedes Kästchen.

Beispiel: *Ehepaare* ☐ f

1 größten ☐

2 Japanische ☐

3 Zeitraum ☐

4 Muskulatur ☐

5 300 ☐

6 Zahl ☐

7 1983 ☐

8 Herzklinik ☐

9 Tote ☐

[8 Punkte: 6/8]

Wie fit sind Sie wirklich?

1 Lesen und antworten

Wählen Sie die sechs Fitneß-Tests (Seite 19), die am besten zu diesen
Bildern passen. Tragen Sie die passende Nummer in jedes Kästchen ein.

Beispiel: [8]

a ☐

b ☐

c ☐ d ☐

e ☐ f ☐

[6 Punkte: 4/6]

Fitneß-Tests

1	Lehnen Sie den Rücken an die Wand. Beugen Sie Ihre Beine, bis Unter- und Oberschenkel einen 90-Grad-Winkel bilden. Wie lange können Sie das machen?
2	Springen Sie Seil. Wie lange schaffen Sie das?
3	Halten Sie sich mit der rechten Hand fest. Beugen Sie Ihr rechtes Bein und greifen Sie mit der linken Hand nach dem rechten Fuß. Versuchen Sie, den Fuß so nah wie möglich an den Körper heranzuziehen.
4	Legen Sie sich auf den Rücken. Beugen Sie ein Bein an und umfassen Sie den Oberschenkel mit beiden Händen. Nun strecken Sie das gebeugte Bein langsam nach oben.
5	Laufen Sie locker durch den Wald oder im Wohnzimmer auf der Stelle. Wann geben Sie auf?
6	Sie liegen auf dem Rücken und legen Ihre Unterschenkel auf einen Hocker. Rücken Sie sich ganz dicht an den Hocker heran, so daß Ober- und Unterschenkel einen 90-Grad-Winkel bilden. Nun heben Sie den Oberkörper an, die Schulterblätter dürfen nicht mehr den Boden berühren. Wie lange halten Sie das durch?
7	Klatschen Sie mit gestreckten Armen über dem Kopf in die Hände und grätschen Sie gleichzeitig die Beine. Und zurück. Wie lange können Sie so hüpfen?
8	Machen Sie Liegestütze. Wieviele schaffen Sie?

 ## 2 Lesen und antworten

Ordnen Sie jeden Fitneß-Test der passenden Kategorie zu.

Ausdauer	Beweglichkeit	Muskelkraft
		1 *(Beispiel)*

[7 Punkte: 5/6]

Hier darf man nicht rauchen!

1 Hören und antworten

Hören Sie der Kassette zu. Wo sind diese Leute?

Zur Auswahl:

a bei der Bank

b im Bahnhof

c im Bus

d im Büro

e im Flugzeug

f im Kino

g im Theater

h auf dem Postamt

Beispiel:	Henrik	*c*

1 Frau Maunz	
2 Heidrun	
3 Marc	
4 Herr Krämer	
5 Ulrich	

[5 Punkte: 4/5]

2 Lesen und schreiben

Lesen Sie diesen Auszug aus einem Brief von einer deutschen Schülerin.

> Bei uns darf man in den Schulgebäuden nicht rauchen, aber auf dem Schulhof gibt es eine offizielle „Raucherecke". Vor der Schule und während der Pausen treffen sich viele Schüler und Schülerinnen da, um eine Zigarette zu rauchen. Die jüngeren Schüler sollten eigentlich nicht dahingehen, aber das kontrolliert niemand. Ich habe gehört, dass das bei Euch viel strenger ist.

Schreiben Sie einen kurzen Artikel (80–100 Worte), in dem Sie sagen, was Sie von der Idee einer „Raucherecke" halten.

Zum Beispiel:

■ Ist es richtig, das Rauchen in der Schule offiziell zu erlauben?

■ Was sollen die Lehrer tun?

■ Was würden die Eltern denken?

■ Was könnten die Schüler und Schülerinnen sonst in den Pausen tun?

■ Sollte es eine Raucherecke in Ihrer Schule geben?

Welcher Sport?

 1 Lesen und antworten

Welche Sportarten werden in diesem Bericht erwähnt? Lesen Sie den Text und kreuzen Sie passend an.

Faule Kinder haben später Rückenschmerzen!

Immer häufiger klagen junge Menschen über Rückenschmerzen. Die Ursachen dafür liegen oft schon in der Kinderzeit, in der sie sich zu wenig bewegen. Der Orthopädie-Professor Dr Heinrich Hess (Saarlouis) rät daher dringend zum Schwimmen, Radfahren, Skilanglauf, Reiten und zur Gymnastik. So könnten auch Wirbelsäulenschäden vermieden werden.

	Sportarten	Erwähnt	Nicht erwähnt
Beispiel:		X	
1			
2			
3			
4			
5			
6			
7			
8			
9			
10			

[10 Punkte: 6/10]

2 Schreiben

Was machen Sie, um fit zu bleiben?

> ... und samstags spiele ich immer Volleyball. Mein Bruder ist wirklich sportlich. Er ist in ZWEI Fußballmannschaften und im Sommer würde er den ganzen Tag Tennis spielen, wenn er könnte! Meine Eltern treiben weniger Sport als früher, aber im Herbst fahren sie immer für eine Woche weg, um eine Wandertour zu machen. Und Ihr? Was machst Du und Deine Familie, um fit zu bleiben?

Schreiben Sie einen Brief an Ihren Brieffreund/Ihre Brieffreundin (50–70 Worte), um die Frage zu beantworten.

Aktiv-Wochenende

1 Schreiben

Sie haben ein intensives Wochenende verbracht. Hier sind einige Aktivitäten, die Sie gemacht haben.

Schreiben Sie ein Tagebuch auf deutsch.

Sie sollen sagen:

- was Sie gemacht haben (2 Aktivitäten pro Tag)
- wo Sie es gemacht haben
- mit wem Sie es gemacht haben.

2 Schreiben

Schreiben Sie einen Bericht über das Wochenende für eine deutsche Schülerzeitschrift. Sagen Sie, was Sie von den Aktivitäten und dem Wochenende gehalten haben (80–100 Worte).

Ein guter Vorsatz

  1 Sprechen/Schreiben

Es ist der 31. Dezember. Sie haben in diesem Jahr ein ziemlich ungesundes Leben geführt. Beschreiben Sie (mündlich oder schriftlich), wie Sie dieses Jahr gelebt haben, und was Sie nächstes Jahr anders machen werden.

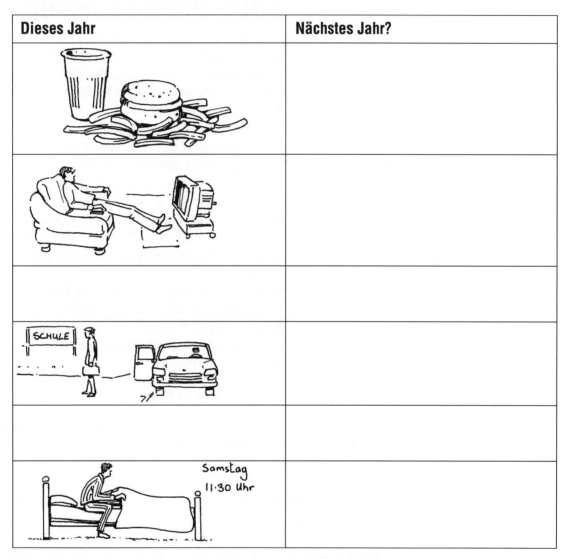

Dieses Jahr	Nächstes Jahr?

Beispiel: Ich habe zu viel gegessen und süße Sachen getrunken. Nächstes Jahr werde ich weniger essen und nur Apfelsaft trinken.

Fitneß-Food

 1 Lesen und antworten

Fitneß-Food – ohne Kaloriendruck essen

● Denken Sie daran, daß gesunde Ernährung nicht nur bedeutet, bestimmte Nahrungsmittel wegzulassen. Die Fitneß-Küche bietet eine Vielfalt der köstlichsten Sachen – für jeden Appetit.

● Kombinieren Sie Ihre Ernährung mit Sport. Dann stellt sich automatisch Appetit auf Mineralstoffe und Vitamine ein.

● Fitneß-Food ist keine Diät zum Abnehmen. Setzen Sie sich also nicht unter Kalorien-Druck. Probieren Sie aus, ob für Sie eine Umgewöhnung in kleinen Schritten vielleicht besser ist. Das Abnehmen kommt dann von allein.

● Machen Sie ein Ereignis aus dem Essen. Das macht Lust, Neues auszuprobieren. Außerdem spürt man beim Langsamessen eher, wann man satt ist. Folge: Man fühlt sich hinterher leichter.

Answer the following questions in English.

1 Why does deciding to change to a more healthy diet not automatically mean having to eat more boring food?

.... [1]

2 How can doing more sport help develop a healthier diet?

.... [1]

3 What is likely to be a more successful way of losing weight than putting oneself under excessive pressure to reduce one's calorie intake?

.... [1]

4 What are the advantages of making mealtimes an 'event'?

.... [2]

[5 Punkte: 3/5]

---

2 Hören und antworten

Hören Sie der Kassette zu. In jedem Satz steckt mindestens ein Fehler.
Verbessern Sie die Sätze.

1 Eine Tomate pro Woche ist besonders gut für den Kopf.

.... [2]

2 Das haben Forscher aus Irland entdeckt.

.... [1]

3 Tomaten enthalten bestimmt den gleichen Wirkstoff wie Vollkornbrot.

.... [2]

4 Dieser Wirkstoff erhöht den Cholesterinspiegel im Blut um 17%.

.... [2]

[7 Punkte: 🎯 **5/7]**

Die Familie Jonas geht einkaufen

 1 Hören und antworten

In welchen Geschäften sind die Mitglieder der Familie Jonas? Hören Sie der
Kassette zu. Schreiben Sie die passenden Buchstaben in die Tabelle.

a   Konditorei am Marktplatz

b   Odoki – Lebensmittel

c   Baumann **TÄGLICH FRISCHES OBST UND GEMÜSE**

d   **FISCH vom Feinsten** H.A. Zwirn und Söhne, geg. 1904

e   *Bäckerei am Marktplatz*

f   *Birks Metzgerfachgeschäft*

g   Steh–Imbiß Glockenstube

Beispiel:	*Herr Jonas*	*d*
1	Frau Jonas	
2	Julia	
3	Jana	
4	Jürgen	
5	Johannes	

[5 Punkte: 🎯 **3/5]**

Wo essen wir am besten?

1 Lesen und antworten

Sehen Sie sich die Anzeigen für verschiedene Restaurants an.

Welches Wort fehlt in jeder Anzeige?
Wörter zur Auswahl:

a original **e** Spezialitäten
b geöffnet **f** Griechenland
c Mittwoch **g** Uhr
d schmeckt **h** bekannten

[6 Punkte: 4/6]

2 Lesen und antworten

Sehen Sie sich noch einmal die Anzeigen an. Tragen Sie den passenden Buchstaben in jedes Kästchen ein.

Wohin geht man am besten, wenn

1 es Montag ist und man griechisch essen will?
2 man an einem Tisch im Freien eine Tasse Kaffee trinken möchte?
3 man etwas „typisch Deutsches" essen möchte?
4 man kein Fleisch ißt?
5 man zu einem Preis so viel essen will, wie man kann?
6 man ein gutes Bier zum Essen trinken möchte?
7 man besonders gesund essen möchte?
8 man besonders gutes griechisches Essen probieren möchte?

[8 Punkte: 6/8]

a

Gesundheit, die

Bio Snacky

Imbiß

Hier ist die schnelle,
aber vollwertige
Küche Trumpf!

Öffnungszeiten:
Mo.-Fr. 10.00–18.00 Uhr
Sa. 10.00–15.00 Uhr

**Vegetarisches
Vollwert-Restaurant**

1. Etage
Die feine vegetarische
Küche ist unsere
Spezialität!

Öffnungszeiten:
Mo.-Fr. 11.30–14.30 Uhr

Gotmarstraße 16-17 · 37073 Göttingen
☎ 0551/487942

b

IMBISS MAZEDONIA

Inh. Dimitrios Papamihail

Griechische Spezialitäten

Öffnungszeiten: 11.00–15.00 Uhr, 17.00–24.00
Kein Ruhetag
Goetheallee 2 · 37073 Göttingen · Telefon 4 72 14

c

koiro

Straßencafé

ab 11 Uhr

**Prinzenstraße 13 · Göttingen
Telefon 05 51 / 48 49 91**

d

PAULANER

Zur Alten Brauerei

Düstere Straße 20, 37073 Göttingen
Telefon 05 51 / 48 48 62

**E in Stückchen
bayerische Gemütlichkeit
in der Göttinger City.**

DIE PAULANER BIERE,
BAYERISCHE KÜCHE UND NETTE MENSCHEN,
DIE SICH IN EINER
URGEMÜTLICHEN WIRTSCHAFT TREFFEN.
PAULANER – EIN BISSERL TRADITION.

EINE WIRTSCHAFT
WIE BAYERN ...

LEBEN UND
LEBEN LASSEN

e

TAG FÜR TAG EIN SONNENTAG

O PONTOS

**IHR GRIECHISCHES
SPEZIALITÄTEN-RESTAURANT**

Socratis Mouratidis
Inhaber

Erholen Sie sich bei uns
für ein paar schöne Stunden,
als wäre es ein sonniger
Kurzurlaub in
Ihr griechisches
Speiserestaurant.

St.-Martini-Straße 10 • Gr. Ellershausen
Telefon (05 51) 9 21 28
Öffnungszeiten: Dienstag – Sonntag
von 12–15 Uhr und 18–24 Uhr
Montag Ruhetag

f

ANTIPASTI-BUFFET

**MACHEN SIE EINE SCHLEMMER-TOUR
DURCH ITALIEN**

Genießen
Sie unsere
Antipasti
in allen
denkbaren
Variationen.
Und das,
so viel
Sie wollen.

Den ganzen
August lang
können Sie jeden
von
18.00 bis 21.30
Uhr unser
Riesen-Buffet
à la Italien erleben.
Pro Person für
nur

DM **29,50**

Gern nehmen wir Ihre Reservierung entgegen!

HOTEL FREIZEIT IN
Das Tagungs- und Eventhotel
Dransfelder Straße 3 · 37079 Göttingen
Telefon 05 51 / 90 01-0 · Telefax 05 51 / 90 01-100

Was essen sie gern zum Frühstück?

 1 Hören und antworten

Hören Sie der Kassette zu. Was essen und trinken diese Leute gern zum Frühstück? Kreuzen Sie die richtigen Kästchen an.

	Beispiel: Wolfram	**Peter**	**inge**
	X		
	X		
	X		
	X		

[10 Punkte: 7/10]

 2 Sprechen: Rollenspiel

Ihre deutsche Gastgeberin will etwas über Ihre Eßgewohnheiten erfahren.

Hören Sie der Kassette zu. Beantworten Sie die Fragen.

1 Sagen Sie, wann Sie normalerweise zu Hause essen.
2 Sagen Sie, was Ihr Lieblingsessen ist.
3 Beantworten Sie die Frage.
4 Beantworten Sie die Frage.
5 Beantworten Sie die Frage.
6 Beantworten Sie die Frage.

Im Restaurant

1 Sprechen: Rollenspiel

You are in a restaurant with a friend, who is a vegetarian. Choose a starter, a main course and a drink for yourself and your friend from the menu below. Call the waitress and order for both of you. Ask to pay the bill at the end of the meal. Listen carefully to what the waitress says and respond accordingly, using the recording on the cassette and the menu.

GASTHOF ZUR ROTEN KAPUZE
Speisekarte

Vorspeisen:

Tomatencremsuppe	3,00 DM
Krabbencocktail	5,00 DM
Gefüllte Champignons	4,00 DM
Wassermelone	3,00 DM
Zwiebelsuppe	4,00 DM

Hauptgerichte:

Zigeunersteak	18,00 DM
Wiener Schnitzel	17,50 DM
Holzfällerteller	22,00 DM
(Lamm, Rind und Schweinefleisch)	
Käseomelett	14,00 DM
Halbes geröstetes Hähnchen	17,50 DM
Ungarisches Goulasch	19,00 DM

Desserts:

Bitte verlangen Sie unsere Eiskarte

Getränke:

Bier vom Faß 0,31	3,50 DM
Weizenbier 0,51	5,00 DM
Weißwein 0,251	4,00 DM
Rotwein 0,251	4,00 DM
Cola, Limo, Apfelsaft 0,31	3,00 DM
Mineralwasser	2,50 DM

2 Hören und antworten

1 Was möchten diese Leute bestellen? Hören Sie der Kassette zu und kreuzen Sie die passenden Kästchen an.

Die Speisekarte	Maria	Khalid	Günther	Niemand

2 Was möchten sie zum Essen trinken? (Schreiben Sie Ihre Antworten auf deutsch.)

Maria:

.... [1]

Khalid:

.... [1]

Günther:

.... [1]

[13 Punkte: 9/13]

3 Schreiben

Hotel zur grünen Neune

Feinschmeckerstr. 67
74218 Gäumer

Restaurant täglich geöffnet
12.00 Uhr – 21.30 Uhr

Gutbürgerliche Küche mit erstklassigem Service
Realistische Preise

Inhaber: G. Bauchmann

Während Ihres Sommerurlaubs in Deutschland haben Sie in diesem Hotel zu Mittag gegessen. Sie haben mit Kreditkarte bezahlt.

Zwei Monate später erhalten Sie die Rechnung. Das Essen für vier Personen soll £100 kosten. Sie haben mit maximal £60 gerechnet.

Außerdem war das Essen nicht sehr gut:

- Die warmen Speisen waren kalt.
- Die kalten Speisen waren nicht kalt genug.
- Die Auswahl war sehr gering.
- Die Bedienung war unfreundlich.

Schreiben Sie einen Brief an Herrn Bauchmann, um sich über die Leistungen seines Restaurants und über die Rechnung zu beschweren (100–150 Worte).

 **Familie und Freundeskreis**

Beschreiben Sie Ihre Familie

 ## 1 Schreiben

Füllen Sie diesen Steckbrief aus.

Familienname: ....

Vorname: ....

Alter: ....

Geburtsort: ....

Geburtsdatum: ....

Anschrift: ....

Telefonnummer: ....

Geschwister: .... Brüder, ... Schwestern

Augenfarbe: ....

Haarfarbe: ....

Mag: ....

Mag nicht: ....

 ## 2 Lesen/Hören und antworten

Lesen Sie diese Steckbriefe und hören Sie sich die Kassette an. Was ist hier falsch? Korrigieren Sie die Steckbriefe.

Steckbrief A

Familienname:	Schneider
Vorname:	Peter
Alter:	15
Geburtsort:	Dresden
Geschwister:	2 Brüder
Telefonnummer:	96 47 65 653
Mag:	Hunde, Angeln, Schwimmen
Mag nicht:	Kaffee

[4 Fehler]

<table>
<tr><td colspan="2">Steckbrief B</td></tr>
</table>

Steckbrief B

Familienname:	Henscher
Vorname:	Irene
Alter:	16
Geburtsort:	Böblingen
Geschwister:	1 Bruder, 1 Schwester
Telefonnummer:	475 89 98 76
Mag:	Pferde, klassische Musik, Querflöte
Mag nicht:	Katzen

[6 Fehler]

[10 Punkte: 7/10]

3 Schreiben

Schreiben Sie einen Brief an einen deutschen Freund/eine deutsche
Freundin. Erzählen Sie von Ihrer Familie. Schreiben Sie ungefähr 100 Worte.

4 Sprechen

Hören Sie sich die Kassette an.
Sie hören Fragen über Ihre Familie. Beantworten Sie die Fragen.

Ich habe ein Problem. . .

1 Lesen und antworten

Lesen Sie den Brief und beantworten Sie die Fragen.

Es hat lange gedauert, bis ich mich zu diesem Brief durchgerungen habe. Zuerst etwas von mir: Ich zeichne gern, schreibe gerne Gedichte, Geschichten und Briefe, lese gern und höre Musik. Nur mir fehlt der Mut, nach draußen zu gehen. Ich habe Angst, ausgelacht zu werden. Aber alle Welt denkt, ich bin so ausgeflippt, wie ich mich gebe, und nur wenige wissen, daß ich in Wirklichkeit oft schüchtern und ziemlich verletzbar bin. Ich habe Angst, etwas falsch zu machen. Aber ich habe noch ein größeres Problem. Es klingt echt total blöd, und das ist es auch: Ich fühle mich von Postern beobachtet. Ich meine dann, daß derjenige auf den Bildern mich ansieht und meine ,,Gedanken" lesen kann. Ich *weiß*, daß das nicht stimmt, aber ich bin machtlos dagegen. Ich gehe kaum noch aus meinen vier Wänden, weil ja praktisch überall Bilder sind, die mich ,,beobachten", auf Werbeplakaten oder Zeitschriften. Bei meinen Freundinnen im Zimmer hängen auch Poster an den Wänden. Richtig frei bin ich nur an einem Ort, wo keine Bilder sind. Ich weiß nicht mehr weiter, ich hoffe, Du hast einen Rat für mich.

Sabine (16) aus Trier

Falsch oder richtig? Tragen Sie F oder R in die Kästchen ein.

1 Sabine hat viele Hobbys. ☐
2 Sabine hat nur wenige Hobbys. ☐
3 Sabine hat immer Angst, wenn sie ausgeht. ☐
4 Sabine ist laut und aggressiv. ☐
5 Sabine ist empfindlich. ☐
6 Sie glaubt, andere finden ihr Problem ein bißchen dumm. ☐
7 Sie glaubt, Poster sehen sie an. ☐
8 Sie kauft jede Woche neue Poster für ihre Schlafzimmerwände. ☐
9 Ihre Freundinnen haben die gleichen Poster wie sie. ☐
10 Sie ist nur glücklich, wenn sie keine Poster sehen kann. ☐

[10 Punkte: 7/10]

2 Lesen und antworten

Lesen Sie die Antwort und beantworten Sie die Fragen. Falsch oder richtig?

Liebe Sabine!

In Deinem Brief schilderst Du zwei Probleme: Einmal Deine Zweifel, ob Du auch alles richtig machst, und das Beobachtetfühlen von Postern. Diese beiden Probleme sind miteinander verknüpft. Ich will es Dir erklären. Du glaubst, daß es wichtig ist, im Leben alles richtig zu machen. Dieses Beurteilungssystem haben Dir sicher Deine Eltern beigebracht. Sie haben Dir früher gesagt, was falsch und was richtig ist. Du hast dieses System „richtig–falsch" so verinnerlicht, daß Du Dir jetzt Schiedsrichter suchst, die Dich beurteilen. Und diese Funktion übernehmen die Bilder. Du machst sie zu Beobachtern, die Dir bei allem zugucken und sagen: „Was macht die Sabine denn da schon wieder falsch!" Die Frage ist: Wann willst Du selbständig werden? Deine Unselbständigkeit hat zwar Nachteile, aber sie ist auch bequem: Du hockst zu Hause und riskierst nichts. Klar macht man Fehler. Aber man macht auch die Erfahrung, daß man es überlebt. Mein Rat: Du mußt aus Deinen vier Wänden heraus. Suche Dir eine Beschäftigung. Du kannst Dich frei entfalten, wenn Du Dir selber etwas zumutest. Und dann kannst Du Deinen Postern sagen: „Es geht euch überhaupt nichts mehr an, ob ich was richtig oder falsch mache. Ich mache es so, wie ich es will!"

Tragen Sie F oder R in die Kästchen ein.

1 Sabine hat Angst davor, etwas falsch zu machen.

2 Sabines Vater hat nie mit Sabine gesprochen.

3 Sabines Vater ist Schiedsrichter.

4 Für Sabine sind die Poster wie ein Schiedsrichter.

5 Wenn Sabine zu Hause bleibt, gibt es für sie keine Risiken.

6 Sabine sollte versuchen, von ihren Postern unabhängig zu werden.

[6 Punkte: 4/6]

Was machst du, wenn deine Freundin fremdgeht?

1 Lesen und antworten

Wir haben den Jungen der Heinrich-Böll-Oberschule diese Frage gestellt. Lesen Sie ihre Antworten.

fremdgehen = to be unfaithful

Sebastian, 16
„Wenn sie es zugibt, halte ich sie mir weiterhin warm. Ich muß sagen, daß ich sie absolut toll finde! Falls sie sich in einen anderen verknallt hat, versuche ich sogar, sie mit kleinen Geschenken zurückzubringen."

Ramon, 15
„Das geht gegen meinen Stolz. Aber ich würde es meiner Freundin auf keinen Fall zeigen, sondern ihr ganz cool sagen, daß es aus ist. Wenn ich länger mit ihr zusammen wäre, würde ich auch fremdgehen – um sie eifersüchtig zu machen."

Martin, 17
„Ich liebe meine Freundin so sehr, daß ich noch nicht mal böse wäre. Wenn sie es zugibt und wir darüber reden, wäre es kein Problem. Fremdgehen muß nicht heißen, daß sie mich nicht mehr liebt."

Roland, 19
„Ich bleibe ruhig und stelle sie vor die Wahl: er oder ich. Falls sie sich für mich entscheidet, klappt das schon. Passiert es ein zweites Mal, ist es mit meiner Geduld am Ende. Denn ausnutzen lasse ich mich nicht."

David, 17
„Man sollte die Sache lockerer sehen. Meine Freundin ist schon mal fremdgegangen – aber wir haben uns wieder vertragen. Obwohl es komplizierter geworden wäre, wenn sie mit dem Jungen geschlafen hätte. Man könnte miteinander vereinbaren, daß beide in den Ferien fremdgehen dürfen – dann kann man Erfahrungen sammeln und man engt sich nicht so ein."

Which boys express these feelings? Write the correct name in each space.

1 I would find another girlfriend – just to make mine jealous.

....

2 I would give her the choice – him or me.

....

3 We could agree that both of us can be unfaithful in the holidays.

....

4 I would try to win her back with little presents.

....

5 I won't allow myself to be used.

....

6 I couldn't be angry – I love her too much.

....

[6 Punkte: 4/6]

Peinliche Momente

1 Lesen und antworten

Lesen Sie diese Geschichten aus einem Jugendmagazin.

A Hartnäckiger Sauger

Zum Herausnehmen meiner Kontaktlinsen nehme ich immer einen Saugstöpsel aus Gummi zur Hilfe. Einmal ist es ganz dumm gelaufen: Ich habe im falschen Moment mit den Augen gerollt, und der Sauger blieb an der Hornhaut statt an der Linse hängen. Ich bekam das knallrote Ding nicht mehr ab! Außerdem hatte ich Angst, mein Auge zu verletzen. Also bin ich mit Stöpsel im Auge in den Bus gesprungen und zum Arzt gefahren. Die Leute glotzten mich an, als ob ich ein Monster von einem fremden Planeten bin.

Leopoldine, 15

B Hosenpanne

„Du sitzt doch sowieso die ganze Zeit am Tisch, es wird schon niemand merken, daß der blöde Reißverschluß dauernd aufgeht", sagte ich mir und zog meine Lieblingsjeans an, als ich zum Essen bei der Familie meines Freundes eingeladen war. Aber als ich den Reißverschluß heimlich zuzerrte, erwischte ich unbemerkt die Tischdecke. Ich erhob mich von meinem Stuhl, riß die Decke und natürlich diverse Teller und Gläser runter . . .

Paulina, 19

C Eisfinger

Bei der Hitzewelle im vergangenen Sommer habe ich in einer Fußgängerzone Eis verkauft. Der Ansturm auf meinen kleinen Stand war unvorstellbar. In der Hektik knallte mir die Kiste mit Kleingeld um. Platsch – die Münzen landeten mitten im Pistazieneis. Da ich sonst nichts zum Wechseln hatte, mußte ich vor aller Augen die Geldstücke mit den Fingern aus der Eiscreme herauspicken. Die Schlange wurde immer länger, die Leute waren obergenervt, und das Eis mußte ich natürlich auch wegschmeißen.

Katharina, 17

Welcher Satz paßt zu welcher Geschichte? Schreiben Sie die richtigen Buchstaben in die Kästchen.

1 Small change lands in the ice cream.

2 An alien takes a ride on a bus.

3 An unusual way of clearing the table.

[3 Punkte: 3/3]

2 Schreiben

Sie sehen diese Annonce in einer Jugendzeitschrift.

Schreiben Sie einen Artikel für den Wettbewerb.

Erster Preis:  *Weitere Preise:* Taschenrechner
Bücher
CDs

PEINLICHE MOMENTE – Wettbewerb
Erzählt uns von euren peinlichen Momenten. Welcher war der schlimmste Tag?
Schreibt 150 Worte.

Schickt eure Artikel an:
Mißgeschichte, Postfach 503, Berlin 13591

Wir wohnen in. . .

 ## 1 Hören und antworten

Vier junge Leute beschreiben ihr Haus oder ihre Wohnung.

Hören Sie sich die Kassette an. Welcher Plan paßt zu welchem Sprecher?
Schreiben Sie 1, 2, 3 oder 4 in die Kästchen.

B = Badezimmer
E = Eßzimmer
K = Küche
S = Schlafzimmer
W = Wohnzimmer

[4 Punkte: 4/4]

 ## 2 Hören und antworten

Hören Sie sich die Kassette an und füllen Sie diesen Plan aus.

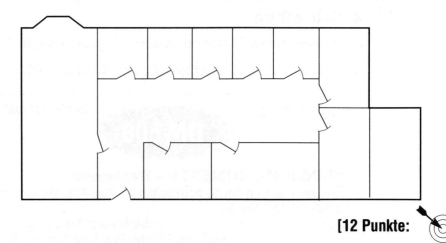

[12 Punkte: 9/12]

Mein Haus

1 Lesen und antworten

Lesen Sie diesen Brief.

> Lieber John!
>
> Vielen Dank für Deinen Brief. Es war sehr interessant zu lesen, wo und wie du wohnst. Jetzt will ich etwas über mein Haus und meine Familie schreiben. Wir wohnen in einem alten Bauernhaus. Es liegt sehr schön im Dorf, und wir haben einen schönen Garten mit Blumenbeeten, Gemüse und Rosen. Ich finde es aber ein bisschen langweilig. Am Wochenende ist eigentlich nicht viel los. Ich beneide Dich. Du hast ja Dein eigenes Zimmer. Leider muss ich mein Zimmer mit meinem dummen Bruder teilen. Es gibt immer Krach darüber, was wir an die Wände hängen. Ich will Poster von Rockgruppen haben. Er andererseits mag Sportler – Fußballspieler, Schwimmer. Sport kann ich nicht leiden! Mein Vater wohnt nicht bei uns, und meine Mutter arbeitet. Deswegen müssen wir alle im Haushalt helfen. Meine Schwester und ich kochen, und wir müssen alle unser Zimmer sauber machen. Mein Bruder spült jeden Tag ab, und ich gehe mit Bijou (der Hündin) spazieren. Ich wasche ab und zu das Auto meiner Mutter, aber dafür kriege ich Geld. Bügeln tun wir ab und zu auch. Das hasse ich – meine Schwester macht das viel besser als ich!

> Ich glaube, wir stehen in Deutschland früher auf als ihr in Großbritannien. Ich muss jeden Morgen um 7 Uhr 35 an der Bushaltestelle sein. Meine Schwester, die sich jeden Morgen die Haare wäscht und föhnt, steht um sechs Uhr auf. Abends ist eigentlich nicht viel los. Nach den Hausaufgaben Fernsehen, Musik hören, die Stereoanlage laut aufdrehen. Wir gehen ziemlich früh ins Bett. Ich freue mich sehr auf Deinen Besuch. Ich freue mich auch auf die Osterferien und auf meinen Besuch in der Schweiz. Schreib bald wieder. Erzähl mir von deiner Schule und von deiner Freizeit.
>
> Tschüss
> Dein Ewald

Falsch oder richtig? Schreiben Sie F oder R.

1 Ewald wohnt in einer neuen Wohnung. ☐
2 Er wohnt in einem Dorf. ☐
3 Er hat sein eigenes Zimmer. ☐
4 Er interessiert sich für Sport. ☐
5 Seine Mutter bügelt jeden Tag. ☐
6 Seine Schwester steht vor sechs Uhr auf. ☐
7 Abends geht Ewald nicht sehr oft aus. ☐
8 In den Osterferien will Ewald nach England fahren. ☐

[8 Punkte: **5/8]**

2 Sprechen

Hören Sie sich die Kassette an.

Sie hören Fragen über Ihr Haus. Beantworten Sie die Fragen.

Adressen und Telefonnummern

1 Hören und schreiben

Hören Sie sich die Kassette an und schreiben Sie die Adressen auf.

1

NAME: Michael Schäfer

ADRESSE: ....

....

....

....

....

2

NAME: Ewald Ferle

ADRESSE: ....

....

....

....

....

3

NAME: Claudia Rau

ADRESSE: ....

....

....

....

....

[12 Punkte: **9/12]**

2 Hören und antworten

Hören Sie sich die Kassette an.

Welche ist die richtige Telefonnummer? Schreiben Sie den richtigen Buchstaben in jedes Kästchen.

1 Paula
  a 362 13 33
  b 362 30 33
  c 326 13 30

2 Stefan
  a 172 48 88
  b 127 84 48
  c 127 48 84

3 Steffi
  a 394 26 13
  b 349 26 13
  c 349 26 30

4 Wolf
  a 682 40 70
  b 628 14 17
  c 628 40 70

[4 Punkte: **3/4]**

Gäste aus Deutschland

 ## 1 Hören und antworten

Gäste aus Deutschland kommen am Flughafen an. Wie erkennen Sie diese Leute?

Sehen Sie sich diese Bilder an und hören Sie sich die Kassette an. Welcher Sprecher paßt zu welchem Bild?

Beispiel: Nummer 1 = C

[5 Punkte: 🎯 **3/5]**

Jobs im Haushalt

 ## 1 Hören und antworten

Wer macht was?

Hören Sie sich die Kassette an. Welche Bilder passen zu welcher Person?

a    **b**    **c**    **d**

e    **f**    **g**    **h**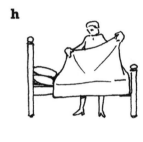

i

	Name	Bild	
Beispiel:	Tobias	f, g	
	Bettina		[2]
	Gabi		[2]
	Jens		[1]
	Jutta		[3]
	Michael		[3]

[11 Punkte: 8/11]

 ## 2 Schreiben

Schreiben Sie einen Brief an einen deutschen Freund/eine deutsche Freundin. Erzählen Sie ihm/ihr, wie Sie im Haushalt helfen.

- Was machen Sie?
- Wie oft?
- Um Geld zu verdienen?
- Gefällt es Ihnen?

Schreiben Sie ungefähr 100 Worte.

Ein geselliger Abend

 ## 1 Schreiben

Schreiben Sie einen Brief an einen deutschen Freund/eine deutsche Freundin.

Sie haben mit Freunden/Freundinnen eine Party organisiert. Beschreiben Sie die Vorbereitungen.

- Warum haben Sie die Party geplant?
- Wer hat das Essen gekauft?
- Was haben Sie vorbereitet?
- Wo war die Party?
- Musik? Einladungen?

Schreiben Sie ungefähr 150 Worte.

 ## 2 Schreiben

Eine Freundin aus Österreich ist bei Ihnen zu Gast. Sie hilft bei den Vorbereitungen für eine Party.

Schreiben Sie ihr einen Zettel. Erzählen Sie ihr folgendes:

- Warum Sie nicht zu Hause sind
- Wann Sie zurückkommen
- Wieviele Personen zur Party kommen
- Wo sie Messer, Gabeln und Löffel findet
- Was es zu trinken gibt.

Kinoinformation

 1 Hören und antworten

Sie haben im Kino angerufen, um Informationen über das Programm zu bekommen. Hören Sie sich die Kassette an.

A Verbinden Sie:

a *Der Totmacher*	**1** ab 12 Jahren
b *König der Löwen*	**2** ab 18 Jahren
c *Drei Männer und ein Baby*	**3** ab 16 Jahren
d *Keiner liebt mich*	**4** ab 6 Jahren

[4 Punkte: 4/4]

B Falsch oder richtig? Schreiben Sie F oder R.

1 Man kann *König der Löwen* um 15 Uhr sehen.

2 Man kann *König der Löwen* um 20 Uhr sehen.

3 Man kann *Schneewittchen und die Sieben Zwerge* nur am Sonnabend sehen.

4 Man kann *Keiner liebt mich* um 18 Uhr sehen.

5 Am Dienstag ist es billiger als am Mittwoch.

6 Vorne im Parkett sind die Plätze am billigsten.

[6 Punkte: 5/6]

 2 Sprechen: Rollenspiel

Sie sprechen mit einem Freund aus der Schweiz.

Was können Sie heute abend machen? Stellen Sie folgende Fragen:

Pläne für die Woche

 1 Schreiben

Sie haben einen Freund/eine Freundin aus Österreich bei sich zu Hause. Sie machen Pläne für die kommende Woche.

Was machen Sie? Und wo?

Füllen Sie diese Tabelle aus.

		Was?	Wo?
Beispiel:	Montag	*Schwimmen*	*Schwimmbad*
	Dienstag		
	Mittwoch		
	Donnerstag		
	Freitag		
	Samstag		
	Sonntag		

Zwei Tage auf dem Lande

 1 Schreiben

Sie verbringen zwei Tage bei Freunden auf dem Lande.

Schreiben Sie eine Postkarte an einen deutschen Freund/eine deutsche Freundin.

- Wo sind Sie?
- Was machen Sie?
- Wie sind Sie dorthin gefahren?
- Das Wetter?

Schreiben Sie ungefähr 50 Worte.

Schnupperwochenenden

1 Lesen und antworten

A Das Ahrtal ist bekannt durch den Rotweinanbau. Die Ahr schlängelt sich durch das herrliche Tal, durch schroffe Felslandschaften, vorbei an Weinorten und schönen Waldgebieten. Der Rotweinwanderweg, der durch dieses Tal verläuft, ist ein besonderes Erlebnis. Ab von jedem Verkehr liegt in ruhiger Lage die Naturschutz-Jugendherberge in einem 1983 ausgewiesenen Naturschutzgebiet.

B Angebot für Fahrradfahrer!
Bollendorf liegt an der Sauer, dem Grenzfluß zum Großherzogtum Luxemburg, in der wunderschönen Landschaft des deutsch-luxemburgischen Naturparks. Die Fahrradwege im Sauertal sind herrlich ausgebaut und führen durch eine einmalig schöne Landschaft. Die modernisierte Jugendherberge Bollendorf, die in allen Schlafräumen über Dusche/WC verfügt, lädt zu diesem Fahrradwochenende ein, um die Schönheit der Landschaft zu erradeln.

C Wolfstein liegt 25 km von Kaiserslautern entfernt im herrlichen Waldgebiet der Westpfalz. Die Region rund um Wolfstein wird auch das Kuseler Musikantenland genannt. Die 2 Burgruinen hoch über dem Ort sind Zeugnisse der Geschichte Barbarossas. Die moderne Jugendherberge liegt am Fuße des Königsberges und verfügt über viele Freizeiteinrichtungen, wie Kegelbahn, Grillhütte und Volleyballplatz.

D Am Fuße des Karlsberges etwas außerhalb liegt in der Stadt Homburg die Jugendherberge. Die kleine Stadt hat viel zu bieten: die Altstadt liegt angeschmiegt an den Schloßberg, der Deutschlands größte Buntsandsteinhöhle birgt. Die römische Ausgrabung in Schwarzenacker ist nicht weit entfernt, und auch das Schaubergwerk in Bexbach ist von besonderer Bedeutung. Die kleine Jugendherberge ist gut ausgestattet und hat als besondere Attraktion einen Minigolfplatz.

Lesen Sie den Text und sehen Sie die Aktivitäten unten an.

Welche Aktivität paßt zu welchem Text? Tragen Sie 'A', 'B', 'C' oder 'D' in die Kästchen ein.

	Aktivität	Text
Beispiel:	*Tagesfahrt nach Frankreich*	B
	1 Kegelabend	
	2 Wanderung auf dem Rotweinwanderweg	
	3 Bergwerkbesichtigung	
	4 Tagesfahrt nach Luxemburg	
	5 Grillabend	
	6 Besichtigung der römischen Ausgrabungsstätte	
	7 Fahrradausflüge	

[7 Punkte: **4/7]**

2 Schreiben

Schreiben Sie einen Brief an einen deutschen Freund/eine deutsche Freundin. Erzählen Sie, was Sie an einem typischen Wochenende machen.

Schreiben Sie ungefähr 100 Worte.

 ## 3 Sprechen

Sie waren in Deutschland und haben einen Tagesausflug gemacht. Beschreiben Sie ihn. Benutzen Sie folgende Informationen:

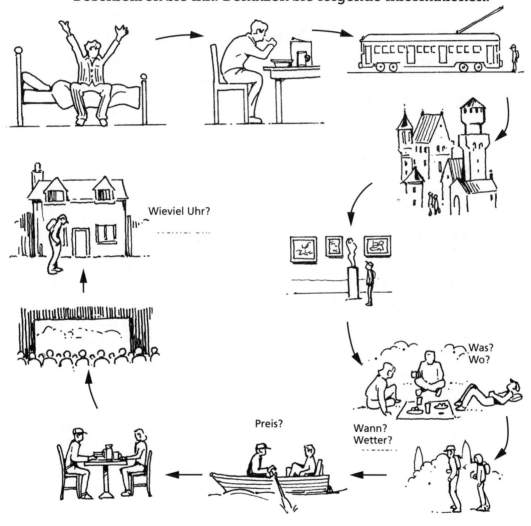

 ## 4 Schreiben

Sie waren zwei Wochen in Urlaub. Sie haben die erste Woche auf dem Lande verbracht und die zweite Woche in einer großen Stadt.

- Was haben Sie gemacht?
- Welche Woche war besser?
- Warum?

Schreiben Sie etwa 150 Worte darüber.

Das Freizeitzentrum

1 Lesen und antworten

Lesen Sie dieses Informationsmaterial von einem Freizeitzentrum in Münster.

Beantworten Sie die Fragen mit „ja" oder „nein".

BERG FREIZEITZENTRUM FIDEL
Herzlich willkommen zum aktuellen Sommerprogramm:

*Kurse, Workshops, Werkstätten, Sport, Exkursionen, Information und Beratung,
Café, Konzerte, Räume und vieles mehr.*

Kurse und Kreativität

Goldschmiede-Workshop
Schmuckstücke nach eigener Creation herstellen! Die Grundtechniken und mehr werden an folgenden Wochenenden vermittelt:

Workshop A: 27./28. Mai
Workshop B: 24./25. Juni

- jeweils Sa, 13 - 20 Uhr und So, 11 - 18 Uhr
- Kosten: 20.- DM + Mittagessen
- Anmeldung erforderlich

Workshop Bumerangbau
Ein selbstgebauter Bumerang, der tatsächlich vom Flug zurückkehrt! Jeder kann versuchen, einen zu bauen.

- am 8. Juni, 17 - 21 Uhr
- Kosten: 5.- DM inkl. Material
- Anmeldung erforderlich

Workshop Drachenbau
Lenkdrachen selber herstellen.
Der ideale Einstieg in die Herbstsaison!

- Termine: 7. August, 18 - 21 Uhr + 8. August, 18 - 21 Uhr
- Kosten: 10.- DM
- Anmeldung erforderlich

Club der anonymen Dichter
Man muß nicht Hesse, Goethe oder Böll heißen – einfach der Spaß an Sprache, Spiel und Action reicht aus, um dabei zu sein.

- Termine: Jeden 1. und 3. Dienstag im Monat 20 - 22 Uhr
- kostenlos

Workshop Naturkosmetik
Unter fachkundiger Anleitung kann man mühelos Shampoo, Duschgel, Body-Lotion, Gesichtscreme und Haarspray kreieren und alle Produkte mit einer Duftnote seiner Wahl verfeinern.

- Termine: 31. Mai, 18 - 21 Uhr + 1. Juni, 18 - 21 Uhr
- Kosten: 5.- DM
- Anmeldung erforderlich

Workshop Kerzengießen
Kerzen in grellen Farben und allen Größen. Der Phantasie sind keine Grenzen gesetzt.

- Termine: 21. August, 18 - 21 Uhr + 22. August, 18 - 21 Uhr
- Kosten: 5.- DM
- Anmeldung erforderlich

RAP-Dance-Kurs
„Hier geht's voll ab" – zu cooler Rapmusik können die Kids die neusten RAP-Tanzschritte erlernen. Bequeme Kleidung und Spaß am Tanz sind mitzubringen.

- Termine: jeden Freitag (28. April - 15. Juni), 16 - 17^{30} Uhr
- mit der Cool Style Rap Gang
- Kursgebühr: 20. - DM
- Alter: 10 - 14 Jahre

Bauchtanz
Eine Bewegungsform, die auch in unseren Breitengraden immer populärer wird. Die Grundbewegungen des Körpers und viele Armbewegungen werden erlernt, bis hin zum freien Tanz nach Musik. Bequeme Kleidung und ein Tuch für die Hüften sind mitzubringen.

- Termin: jeden Montag (28. Mai - 10. Juli), 17 - 18 Uhr
- Kursgebühr: 25.- DM
- Anmeldung erforderlich

A Falsch oder richtig? Schreiben Sie F oder R in die Kästchen.

1 Es kostet nichts, Mitglied des Dichterworkshops zu sein.
2 Der Drachenbauworkshop findet zweimal statt.
3 Nur Experten können Shampoo und Duschgel kreieren.
4 Es kostet 5 DM, eine Kerze herzustellen.
5 Mit 16 Jahren ist man zu alt, um an dem RAP-Dance-Kurs teilzunehmen.
6 Bauchtanz kostet 25 DM pro Woche.

[6 Punkte: 4/6]

B Kann man hier:

	Ja/Nein
1 Gedichte schreiben?	
2 Kuchen backen?	
3 Filme entwickeln?	
4 Schmuck basteln?	
5 Badminton spielen?	
6 einen Bumerang basteln?	
7 einen Videofilm drehen?	
8 exotische Tänze lernen?	

[8 Punkte: 6/8]

 2 Lesen und antworten

Café

Frischen Kaffee, viele kalte Getränke, Sweets und kleine Snacks
können Sie montags bis donnerstags von 15 bis 22 Uhr und freitags
von 15 bis 18 Uhr im Café kaufen. Eine Spielecke für die ganz
Kleinen, Kicker, Tischtennis und Billard für die älteren Jahrgänge
und bei schönem Wetter Kaffee-Ausschank auf der Terrasse laden
ein zu Muße oder Aktivität.
Das Café im Freizeitzentrum Berg Fidel ist Treff für Klein und Groß
und Jung und Alt. Mal ausspannen, nette Leute treffen, Musik hören
oder angeregt diskutieren – eine schöne Atmosphäre macht's möglich.

Beantworten Sie auf deutsch:

1 Wann ist das Café **nicht** geöffnet? Tragen Sie a, b, oder c ins Kästchen ein.

   a am Freitag um 16.30 Uhr?

   b am Sonntagmorgen um 10.00 Uhr?

   c am Donnerstagnachmittag um 15.30 Uhr?   [1]

2 Was gibt es hier für kleine Kinder? [1]

....

3 Was macht man, wenn das Wetter schön ist? [2]

....

4 Was für Leute treffen sich hier? [4]

....

[8 Punkte: 5/8]

Wieviel zahlen sie?

 1 Lesen und antworten

Badetarife für die Bäder der Stadt Münster	
Tarife	**DM**
1. Hallen- und Freibäder	
1.1 E r w a c h s e n e	
Einzeleintritt	5,00
Mehrfacheintritt (Vier)	14,00
1.2 K i n d e r u n d J u g e n d l i c h e	
– Kinder bis zum vollendeten 4. Lebensjahr in Begleitung eines Erwachsenen haben freien Eintritt.	
– Kinder und Jugendliche bis zur Vollendung des 18. Lebensjahres	
– Schüler, Studenten, Wehrpflichtige und Auszubildende bis zur Vollendung des 27. Lebensjahres (bei Vorlage des Nachweises)	
– Schwerkriegsbeschädigte, Schwerbehinderte, Schwerbeschädigte (bei Vorlage des Ausweises)	
Einzeleintritt	2,50
Mehrfacheintritt (Acht)	14,00

Was müssen diese Leute zahlen? Machen Sie Kreuze in die Tabelle.

	5,00 DM	**2,50 DM**	**nichts**
1 eine Studentin (21 Jahre alt)			
2 ein Kind (10 Jahre alt)			
3 ein 19-jähriger Mann			
4 eine 65-jährige Frau			
5 ein Schüler (18 Jahre alt)			

[5 Punkte: 🎯 **4/5]**

Schloßbesichtigung

1 Lesen und antworten

Lesen Sie den Text und beantworten Sie die Fragen.

Für jede Frage haben Sie drei Antworten. Schreiben Sie den richtigen Buchstaben in jedes Kästchen.

EINTRITTSPREISE
mit Führung

ERWACHSENE: 7.- DM

KINDER BIS 10 JAHRE: FREI
(nur in Begleitung von Angehörigen)

ERMÄSSIGTE PREISE: 5.- DM
(Schüler, Studenten, Rentner)

Nach Vereinbarung:

GRUPPENFÜHRUNGEN 100.- DM
(maximal 25 PERSONEN)

in Fremdsprachen: 120.- DM

TELEFON: 0911/227066
oder
TELEFON/FAX: 0911/899360

Karten
am Eingang
oder
im Vorverkauf
erhältlich!

„Förderverein Nürnberger Felsengänge e. V."

---

1 Was muß ein 8-jähriges Kind zahlen?
   a 7 DM
   b nichts
   c 5 DM

2 Was muß ein 12-jähriges Kind zahlen?
   a 5 DM
   b 4 DM
   c nichts

3 Was zahlt jede Person in einer Gruppe von 20 Personen?
   a 25 DM
   b 4 DM
   c 5 DM

4 Was bekommt man für 120 DM?
   a eine Gruppenführung auf deutsch
   b eine Gruppenführung mit Ansichtskarten
   c eine Gruppenführung auf englisch oder französisch

5 Wo kann man Karten kaufen?
   a nur am Eingang
   b am Eingang oder im Vorverkauf
   c nur im Vorverkauf

[5 Punkte: 4/5]

Rocket-Bungee

1 Lesen und antworten

The following is taken from an advertising newspaper from Bavaria. Read it carefully and answer the questions which follow.

Your answers should be in English.

Was Franz Beckenbauer für den Fußball, ist Jochen Schweizer für den Bungee-Sport: Galionsfigur und Wegbereiter. Er betreibt Deutschlands erste und größte Bungee-Anlage in Oberschleißheim. Am Wochenende können dort bei jedem Wetter alle Schwindelfreien den Sprung in die Tiefe wagen; aus 50 Metern oder 130 Metern Höhe.

Seit letztem Jahr bietet Schweizer auch Rocket-Bungee an. Statt aus der Luft startet man hier mit dem gespannten Seil vom Boden ab und läßt sich in die Höhe katapultieren. Vorteil: Man kann den Flug selbst auslösen, der gefürchtete Sprung ins Nichts bleibt einem erspart.

Die Möglichkeit zum Bungee-Jumpen bietet übrigens auch regelmäßig „Munich's Biggest Airport Party Zone" am alten Flughafen.

Hoch im Kurs stehen auch Naturerlebnisse wie Rafting, Klettern, Paragliding, Drachenfliegen, Canyoning und natürlich Mountainbiking. Für alle, die etwas mehr Zeit haben, bietet der Veranstalter „Natur pur": Eine Woche Trekking, Klettern, Rafting, Radeln und Paragliding in Tirol.

Wer organisierte Trips nicht mag, oder wem die Irnster Schlucht in Tirol zu weit und gefährlich ist, kann auch im eigenen Schlauchboot die Isar hinunterschippern. Es geht an der Pupplinger Au vorbei bis zur Floßländle in Thalkirchen. Wildwassergefühle kommen da weniger auf, und man fährt an schönen Grillplätzen vorbei.

Einige Stockwerke höher kann man das Geschehen vom Drachen aus beobachten. Etwas Mut und Fitneß gehören allerdings schon dazu, bevor man sich das erste Mal vom Wallberg stürzt. Vor dem A-Schein, der zum freien Flug berechtigt, muß der Anfänger erst mal einen einwöchigen Grundkurs an einem kleinen Hügel machen.

1 What is Jochen Schweizer's contribution to the sport of bungee jumping? [2]

....

2 According to the passage, in what sort of weather can bungee jumps be made? [1]

....

3 How does 'rocket-bungee jumping' differ from ordinary bungee jumping? [3]

....

4 Where in Munich can one practise bungee jumping? [1]

....

5 Why might the river trip be popular with people who like barbecues? [1]

....

6 What condition must one fulfil before being allowed to be a 'kite passenger'? [2]

....

[10 Punkte: 7/10]

Freizeitreiten

1 Lesen und antworten

Lesen Sie den Text.

„Im Stall ist immer was los!"

Zum vierten Mal wuchtet Jojo die schwere Schubkarre aus dem Stall. Gemeinsam mit ihren Freundinnen Sandra, Coco und Lu mistet sie die Boxen der Großponys Luci und Merlin aus. Mit Forken laden sie das feuchte Stroh auf, fahren es zum Misthaufen, schleppen einen neuen Ballen heran, streuen frisches Stroh in die Box und schütteln es auf. Die harte Arbeit macht ihnen nichts aus, im Gegenteil: „Der Stall ist mein Leben", erklärt Jojo – und Sandra, Coco and Lu stimmen zu: „Wir sind ständig bei den Pferden!" Die vier kommen auch auf den Pferdehof, wenn sie nicht gerade „Dienst" haben: „Wir sind ständig da – in den Ferien schlafen wir sogar auf dem Heuboden." Und das hat nicht nur mit den Tieren zu tun: „Die Atmosphäre im Reitverein ist klasse", findet Sandra. „Zusammen veranstalten wir Wasserschlachten, gehen baden, reiten durch den Wald oder setzen uns einfach irgendwo hin und tratschen!" Für die Freundinnen ist Reiten „das schönste Hobby, das man haben kann".

In welcher Reihenfolge finden Sie folgende Informationen? Schreiben Sie '1', '2', '3', '4', '5' oder '6' in die Kästchen.

a Die Mädchen tun frisches Stroh in den Stall hinein.

b Es gibt da eine wunderbare Atmosphäre.

c Vier Mädchen räumen einen Pferdestall auf.

d Ihr Lieblingshobby ist Reiten.

e Sie verbringen so viel Zeit wie möglich bei den Pferden.

f Die Mädchen sprechen sehr gern miteinander.

[6 Punkte: 4/6]

Urlaubspläne

1 Schreiben

Sie fahren in Urlaub. Was müssen Sie mitnehmen? Schreiben Sie eine Liste (10 Gegenstände).

Beispiel: Schuhe

1 ....

2 ....

3 ....

4 ....

5 ....

6 ....

7 ....

8 ....

9 ....

10 ....

Hotel Jenewein

1 Lesen und antworten

A friend has received this letter from a hotel in Austria and asks you about what it contains.

Answer the questions in English.

✦✦✦✦ *Hotel Jenewein*
Familie Schöpf . A-6456 Obergurgl/Ötztal
Telefon 0 52 56/202, 519 · Telefax 0 52 56/20 744

Familie
Michael Elston
28 Marlborough Avenue
GB-WB6 9FQ WOODBURY   *Obergurgl, 29.07.*

Sehr geehrte Familie Elston!

Wir haben noch Sommer in den Bergen und trotzdem müssen wir uns bereits wieder auf die kommende Wintersaison vorbereiten.

Der Zeitpunkt ist gekommen, um wieder an die herrlichen Erlebnisse, den Skispaß, die staubenden Pulverschneehänge, den Après-Ski an der Eisbar und auch an die „Gaudi" beim Toni im Hexenkuchl zu denken.

Vielleicht haben Sie wieder Lust, bei uns im „Jenewein" Ihren nächsten Winterurlaub zu verbringen.

Wir werden uns wieder kräftig ins Zeug legen, um Ihnen einen angenehmen Aufenthalt zu bieten. Unser Küchenchef Norbert hat sich natürlich viel vorgenommen und wird Sie wieder mit internationalen Spezialitäten und heimischen Leckerbissen verwöhnen.

Wir freuen uns schon auf Ihren Besuch und werden Sie mit einem „Obstler" willkommen heißen.

Mit den besten Grüßen

Schöpf

Ihre Fam. Schöpf u. Bucher

PS: Gäste, die bereits vorreserviert haben, bitten wir, uns bis September die Reservierung schriftlich zu bestätigen.

---

1 Is the letter advertising summer holidays or winter holidays? [1]

....

2 What sporting activity is on offer? [1]

....

3 What attractions are mentioned? (Mention two.) [2]

....

4 Who is Norbert? [1]

....

5 How is the hotel food described? [2]

....

6 What is an 'Obstler'? Write the correct letter in the box.

   a a personal attendant
   b a drink
   c a car
   d a piece of fruit flan ☐ [1]

7 What are guests who have already made a reservation asked to do? [2]

....

[10 Punkte: ◎ **8/10]**

2 Lesen und antworten

Your friend is interested in the Hotel Jenewein and has sent for their brochure.

Read the information and answer the following questions in English.

PREISE Preise pro Person und Tag in öS inklusive Halbpension und Extraleistungen	25. 11.–22. 12. und 13. 4.–1. 5.	22. 12.–6. 1.	6. 1.–27. 1.	27. 1.–17. 2.	17.2.–16. 3. und 30. 3.–13. 4.	16. 3.–30. 3.
KATEGORIE A (Juniorsuite) Doppelzimmer mit separatem Wohnteil, Bad, Dusche, WC, Selbstwähltelefon, Radio, Kabel-TV, Balkon Südseite	800,–	1.590,–	1.190,–	1.290,–	1.490,–	1.390,–
KATEGORIE B Doppelzimmer mit Sitzecke, Bad, Dusche, WC, Telefon, Radio, TV	700,–	1.490,–	1.090,–	1.190,–	1.390,–	1.290,–
KATEGORIE C Appartement für 2 bis 4 Personen Schlafzimmer, Wohnschlafzimmer, Bad, Dusche, WC, Telefon, Radio, TV, teilweise Balkon Bei Belegung mit 2 Personen Preis für die 3. Person Preis für die 4. Person	980,– 850,– 500,–	1.690,– 1.490,– 500,–	1.290,– 1.090,– 500,–	1.390,– 1.190,– 500,–	1.590,– 1.390,– 500,–	1.490,– 1.290,– 500,–
KATEGORIE D Einzelzimmer mit Dusche/WC, Telefon, Radio	800,–	1.590,–	1.190,–	1.290,–	1.490,–	1.390,–
KATEGORIE E Doppelzimmer und separat eingebaute Einzelzimmer mit Sitzecke, Bad, Dusche, WC, Selbstwähltelefon, Radio, Kabel-TV	700,–	1.490,–	1.090,–	1.190,–	1.390,–	1.290,–

Jede weitere Person im Doppelzimmer oder Juniorsuite: 0 bis 3 Jahre gratis, 3 bis 6 Jahre 60% Ermäßigung, 7 bis 11 Jahre 40% Ermäßigung und ab 12 Jahre 30% Ermäßigung.
Zuschlag für Weihnachten und Silvester: öS 350,– (ab 14 Jahre obligatorisch).

A 1 Do all the rooms have shower and WC?

....

2 Is it true that a twelve-month-old baby can stay free of charge in a 'Juniorsuite'?

....

3 Is there a reduction for a five-year-old child in a category B room?

....

4 Do all the rooms have cable television?

....

5 Is there a supplement to pay at Christmas?

....

[5 Punkte: 🎯 **4/5]**

Now read the following details and answer the questions below in English.

WICHTIGE INFORMATIONEN

Die Preise gelten pro Person und Tag inklusive Halbpension und aller Abgaben in öS ab 7 Tagen Aufenthalt. Die Zimmer sind ab 14 Uhr beziehbar, bei späterer Anreise bitten wir um telefonische Verständigung. Am Abreisetag bitten wir Sie, die Zimmer bis 11 Uhr freizugeben. Für die Begleichung Ihrer Rechnung akzeptieren wir Reiseschecks, Verrechnungs- und Euroschecks, jedoch **keine Kreditkarten.**

Mahlzeiten: Für nicht eingenommene Mahlzeiten kann keine Vergütung erfolgen.

Arrangements: Keine Rückvergütung bei verspäteter Ankunft oder vorzeitiger Abreise.

Rufen Sie uns an! Wir stehen Ihnen gerne für jede Auskunft zur Verfügung.
Ihre Familie Schöpf

Stornobedingungen laut österreichischem Hotelreglement.

Preisbedingung: Die Preisunterschiede ergeben sich nur durch unterschiedliche Größe, Lage und Ausstattung der Zimmer. Alle sonstigen Leistungen sind gleich.

Wichtiger Hinweis: Aufgrund unseres flexiblen Reservierungssystems besteht die Möglichkeit, nach Rücksprache mit unserer Reservierungsabteilung, auch außerhalb samstags anzureisen. Bitte planen Sie ein, daß die Zimmer am Ankunftstag ab 15.00 Uhr bezugsfertig sind.

TEL. 0 52 56/202, 519

aus D, CH, I, B, NL: 00 43/52 56/202, 519

B 1 At what time of day are the rooms available when guests first arrive? [1]

....

2 If you cannot arrive at that time what should you do? [1]

....

3 Will they accept credit cards? [1]

....

4 If you do not eat the meals you have booked do you still have to pay for them? [1]

....

5 If you cut short your holiday can you claim a reduction in the price you pay? [1]

....

6 If you arrive on a day other than a Saturday do you have to pay extra? [1]

....

7 Why is 3 pm mentioned? [2]

....

[8 Punkte: 6/8]

Eine Reservierung

 1 Lesen und antworten

Welches Wort paßt zu welchem Bild? Schreiben Sie die richtigen Buchstaben in die Tabelle.

 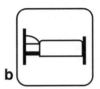 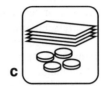

 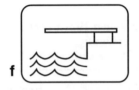 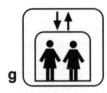 

	Bild
1 Geldwechsel	
2 Aufzug	
3 Herrentoiletten	
4 Speisesaal	
5 Fernsprecher	
6 Notausgang	
7 Einzelzimmer	
8 Beheiztes Freibad	
9 Damentoiletten	

[8 Punkte: 7/8]

2 Sprechen: Rollenspiel

Sie sprechen am Telefon mit der Empfangsdame des Hotels Jenewein.

Hören Sie sich die Kassette an und beantworten Sie die Fragen. Benutzen Sie diese Informationen:

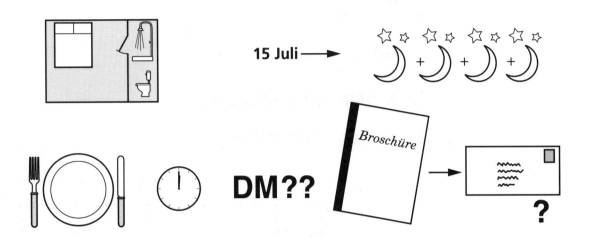

3 Lesen und antworten

Was für Zimmer wollen diese Leute?

Schreiben Sie den richtigen Buchstaben in jedes Kästchen.

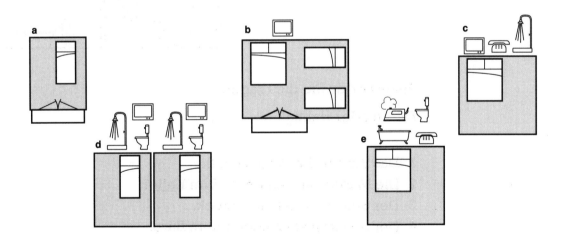

	Bild
1 Ein Doppelzimmer mit Fernsehen, Telefon und Dusche	
2 Ein Einzelzimmer mit Balkon und Blick auf die Berge	
3 Ein Doppelzimmer mit Bad, Toilette, Selbstwähltelefon und Bügelmöglichkeit	
4 Ein Familienzimmer mit Fernsehen und Balkon	
5 Zwei Einzelzimmer mit Fernsehen, Dusche und WC	

[5 Punkte: 5/5]

4 Schreiben

Sie planen einen Winterurlaub in Österreich.

Schreiben Sie einen Brief an das Hotel und machen Sie eine Reservierung.

- Für wieviele Personen?
- Wann?
- Was für Zimmer?
- Essen?
- Ausflüge? Freizeitaktivitäten?

Die Jugendherberge

 ### 1 Lesen und antworten

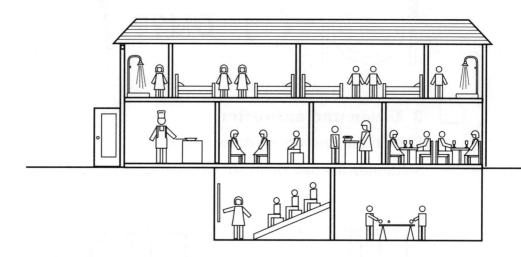

Beantworten Sie die Fragen.

Falsch oder richtig?

F/R

1 Das Büro ist im Erdgeschoß. ☐
2 Die Mädchenduschen sind im Keller. ☐
3 Der Spielraum ist im 1. Stock. ☐
4 Der Speisesaal ist neben dem Büro. ☐
5 Die Schlafzimmer sind im 1. Stock. ☐
6 Die Jungenduschen sind neben den Mädchenduschen. ☐
7 Die Küche ist neben dem Eingang. ☐

[7 Punkte: 🎯 5/7]

2 Lesen und antworten

Die Mitgliedschaft im DJH –
Der Schlüssel zu allen Jugendherbergen

Jugendherbergen sind für Sie da. Wer die DJH-Mitgliedskarte besitzt, kann in Jugendherbergen übernachten. Die DJH-Mitgliedschaft ermöglicht Ihnen, alle Jugendherbergen weltweit zu nutzen.

Ob Sie allein, mit der Familie, in der Gruppe oder im Verein verreisen, als Mitglied im Jugendherbergswerk bieten sich Ihnen endlos viele Möglichkeiten.

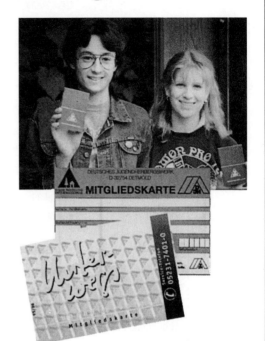

● **Als Mitglied im DJH können Sie das vielfältige Angebot der Jugendherbergen in Rheinland-Pfalz und im Saarland nutzen, mit seinen preiswerten Übernachtungs- und Verpflegungsmöglichkeiten.**

● **Die Mitgliedschaft ist nicht nur bundesweit, sondern weltweit gültig. In der ganzen Welt stehen Ihnen in mehr als 56 Ländern über 5.300 Jugendherbergen zur Verfügung.**

● **Als Mitglied erhalten Sie regelmäßig die DJH-Mitgliederzeitung mit vielen Informationen und Reisetips.**

Sie sehen, die preisgünstige DJH-Mitgliedschaft lohnt sich auf jeden Fall. Die Mitgliedschaft ist auf Ihre Bedürfnisse abgestimmt, wählen Sie zwischen drei Mitgliedsgruppen.

Einzelpersonen
bis 26 Jahre   Jahresbeitrag **19,- DM***

Familien und Einzelpersonen
ab 27 Jahre   Jahresbeitrag **32,- DM***

Organisationen, Vereine,
Gruppen, Schulen Jahresbeitrag **30,- DM***

*(jeweils zuzüglich einer einmaligen Aufnahmegebühr von 2,- DM)

Falsch oder richtig? Schreiben Sie F oder R in die Kästchen.

1 Mit einer DJH-Mitgliedskarte darf man in Jugendherbergen in Großbritannien übernachten.

2 Man darf kostenlos in deutschen Jugendherbergen übernachten.

3 Auf der Welt gibt es mehr als 6,5 tausend Jugendherbergen.

4 Mitglieder bekommen eine Sonderzeitung.

5 Ein 18-Jähriger zahlt 19 DM pro Jahr Mitgliedschaftsbeitrag.

[5 Punkte: 🎯 **4/5]**

3 Lesen und antworten

Preisliste für die Jugendherbergen von Rheinland-Pfalz/Saarland ab 1.1.1997

Kategorie	Jugendherbergen		Übernachtung + Frühstück	Halbpension	Vollpension (Bei Tagestouren wird ein Lunchpaket mitgegeben)
			DM	DM	DM
1	Manderscheid Neustadt	Speyer	16,70	24,10	27,-
2	Altenahr Bad Marienberg Bingen Dreisbach	Hermeskeil Merzalben St. Goar	18,40	25,80	28,70
3	Altleiningen Bad Bergzabern Bernkastel Brodenbach Cochem Homburg	Morbach Prüm Saarburg St. Ingbert	18,90	26,30	29,20
4	Dahn Diez Gerolstein Hochspeyer Mayen	Steinbach/Donnersberg Tholey Weiskirchen Wolfstein	19,40	26,80	29,70
	Sargenroth einschl.	Schwimmbadbenutzung	19,90	27,30	30,20
5	Bacharach Koblenz	Montabaur Mainz	20,40	27,90	30,80

Die Preise für die vorgenannten Häuser sind ohne Bettwäsche.
Für die komplette Bettwäsche wird eine einmalige
Gebühr von DM 5,- berechnet (Ausleihdauer 8 Tage).

Die Preise gelten für Jugendliche bis einschl. 26 Jahre sowie Familien mit Kindern
und Gruppen. Ab 27 Jahren (Ausnahme Familien und Gruppen) erhöht
sich der Preis um 5,- DM. Kinder bis einschl. 2 Jahre sind frei. Kinder ab 3 Jahren
bis einschl. 6 Jahre erhalten eine Ermäßigung von 20 % auf den Gesamtpreis.
Weitere Verpflegungsangebote wie z.B. Nachmittagskaffee, Kuchen, Grillabende,
Einzelmahlzeiten sind nach Absprache mit den Herbergseltern möglich. Bei
der Programmgestaltung sind wir Ihnen gerne behilflich.

Your youth group is hoping to organise a stay in a German youth hostel and you have been asked to explain the price list shown on page 64.

Answer the questions in English.

1 What will you get for 26,30 DM per person at Brodenbach?

....

2 What service is provided if you are having full board and plan to go out on a day trip?

....

3 What special facility is available at Sargenroth?

....

4 Do you have to supply your own bed linen?

....

5 Is there a reduction for an eight-year-old child?

....

[5 Punkte: 4/5]

Im Fremdenverkehrsamt

1 Hören und antworten

Hören Sie sich die Kassette an.

Ein Tourist will eine Hotelreservierung für seine Familie machen. Verbinden Sie Problem/Möglichkeit mit Hotelnamen. Tragen Sie die richtigen Buchstaben in die Tabelle ein.

Problem/Möglichkeit
a nur 2 Nächte frei
b Familienzimmer für 4 Personen
c 3 Zimmer frei
d kein Frühstück
e Zimmer mit Etagenbetten
f alle Zimmer mit Bad
g neben dem See
h ein Zimmer im 3. Stock

Hotel	Problem/Möglichkeit
Stern	
Glocke	
Königshof	

[8 Punkte: 5/8]

Welt und Umwelt

Münster: Allwetterzoo und Delphinarium

1 Lesen und antworten

Überdachte Wege verbinden die großen Tierhäuser miteinander. Mehr als 2000 Tiere aus allen Erdteilen. Neue Tropenhalle für asiatische Elefanten. Aquarium. Delphinarium. Streichelzoo. Große Spielplätze. Regelmäßige Führungen, auch am Abend. Biologieunterricht in unserer Zooschule. Verleih von Kinderwagen und Rollstühlen. Babywickelräume. Behinderten-WC. Restaurant. Cafeteria. Kioske. Picknickplatz. 3500 Pkw-Einstellplätze. Großer Busparkplatz. Haltestellen für Stadtbus und Wasserbus. Hunde dürfen mitgebracht werden.

ALLWETTERZOO,
Westfälischer Zoologischer Garten Münster GmbH, Sentruper Straße 315, 48161 Münster, Telefon (02 51) 89 04-0, Fax 89 04-90.

Täglich geöffnet ab 9 Uhr. Kassenschluß ist von April bis September um 18 Uhr, im März und Oktober um 17 Uhr, von November bis Februar um 16 Uhr. Die Tierhäuser werden jeweils eine halbe Stunde später geschlossen. Der Garten muß eine Stunde später verlassen werden.

Im Delphinarium finden von März bis Oktober täglich Vorführungen statt. Dauer etwa 30 Minuten. Die Halle hat 1000 Sitzplätze.

Lesen Sie den Text und beantworten Sie die Fragen. Ja oder nein?

	Ja/Nein
1 Es gibt Spielplätze für Kinder.	
2 Es gibt abends auch Führungen.	
3 Man kann sich einen Kinderwagen im Zoo ausleihen.	
4 Behinderte sind willkommen.	
5 Es gibt Parkplätze.	
6 Hunde sind verboten.	
7 Letzter Eintritt im Sommer: 18.00 Uhr.	
8 Letzter Eintritt im Winter: 17.00 Uhr.	
9 Im Mai schließen die Tierhäuser erst um 10.00 Uhr.	

[9 Punkte: **7/9]**

2 Sprechen: Rollenspiel

Sie sind auf der Straße in Münster. Ein Fremder stellt Fragen.

Sie hören die Fragen auf der Kassette. Wie antworten Sie?

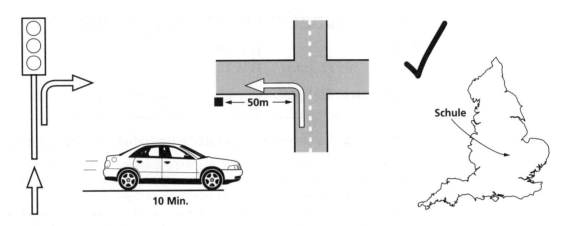

Der Wegweiser

 ## 1 Schreiben

Schreiben Sie die richtigen Wörter auf den Wegweiser.

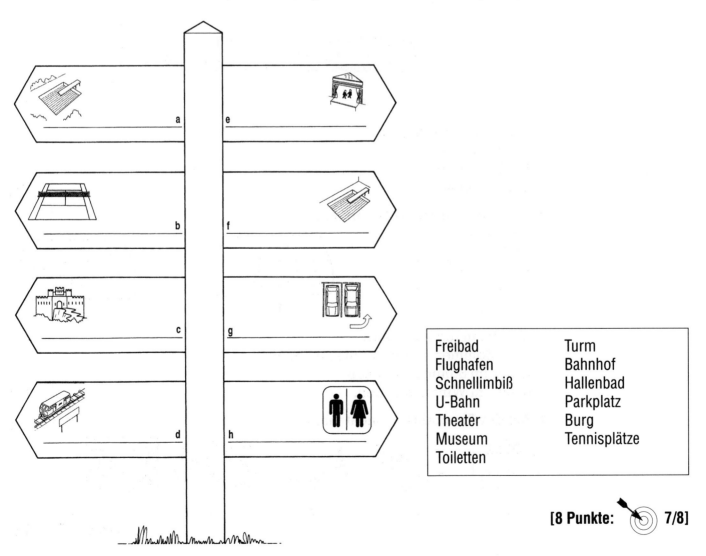

Freibad	Turm
Flughafen	Bahnhof
Schnellimbiß	Hallenbad
U-Bahn	Parkplatz
Theater	Burg
Museum	Tennisplätze
Toiletten	

[8 Punkte: 7/8]

Stadtrundfahrt

 1 Lesen und antworten

Unvergängliches Nürnberg kennenlernen

Preis   **DM 20,-**
Kinder bis 12 Jahre   **DM 10,-**

Abfahrten: Hallplatz gegenüber Mauthalle täglich um 9.30 Uhr vom 1.5. bis 31.10. sowie vom 2.12. bis 23.12. (Christkindlesmarkt)

Dauer: ca. 2½ Stunden. Ende der Rundfahrt: am Hauptmarkt.

Bei unserer Stadtrundfahrt entdecken Sie Nürnberg bequem vom Bus aus. Entspannt beobachten Sie das Leben in der Altstadt, besuchen die Kaiserburg und den historischen Friedhof St. Johannis, fahren aber auch zum Justizpalast, wo nach dem Krieg die Nürnberger Prozesse abgehalten wurden.
Wer die Altstadt nicht gesehen hat, hat Nürnberg nicht gesehen – gewiß. Doch Nürnberg besteht nicht nur aus der Altstadt. Noch viele Attraktionen liegen außerhalb, und unsere Stadtrundfahrt führt auch dorthin: u.a. zum Dutzendteich, zum Frankenstadion und zu den Resten des ehemaligen Reichsparteitagsgeländes.

Was ist richtig? Schreiben Sie a, b, oder c in jedes Kästchen.

Beispiel: Man macht diese Stadtrundfahrt…

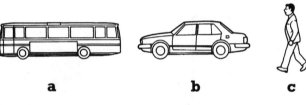

a   b   c   [a]

1 Die Rundfahrt dauert
   a 100 Minuten.
   b 150 Minuten.
   c 180 Minuten.   ☐ [1]

2 Die erste Rundfahrt beginnt um   ☐ [1]

a   b   c

3 Man kann die Rundfahrt
   a im Sommer und im Winter machen.
   b nur im Sommer machen.
   c nur im Winter machen.   ☐ [1]

4 Auf der Rundfahrt besucht man: ☐ ☐ [2]

a   b   c   d   e

[5 Punkte: **3/5]**

---

2 Hören und antworten

Hören Sie sich die Kassette an.

Erwähnt oder nicht?

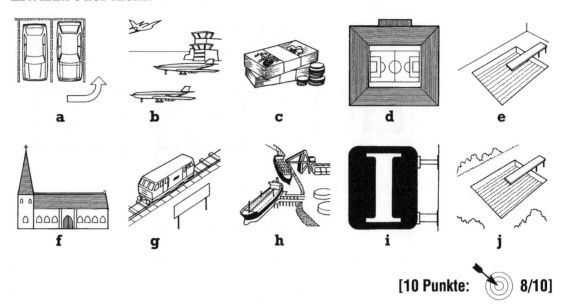

a   b   c   d   e

f   g   h   i   j

[10 Punkte: 8/10]

Der Stadtplan

 ## 1 Hören und antworten

Hören Sie sich die Kassette und sehen Sie sich den Stadtplan an.

Tragen Sie die Buchstaben in die richtigen Kästchen.

die Bank = A
der Bahnhof = B
das Informationsbüro = C
das Puppenmuseum = D

Beispiel
Sie hören:

■ *Entschuldigung. Wo ist hier in der Nähe eine Bank, bitte?*
■ *Eine Bank? Gehen Sie hier rechts, ja, die erste Straße rechts. Die Bank ist auf der rechten Seite.*

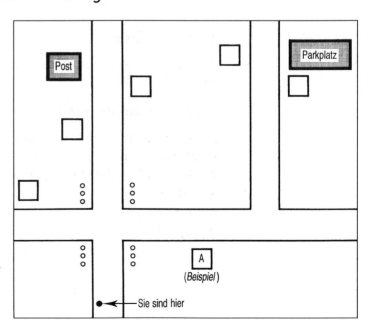

[3 Punkte: 2/3]

2 Hören und sprechen

Sehen Sie sich den Stadtplan an.

Hören Sie sich die Kassette an und beantworten Sie die Fragen auf deutsch.

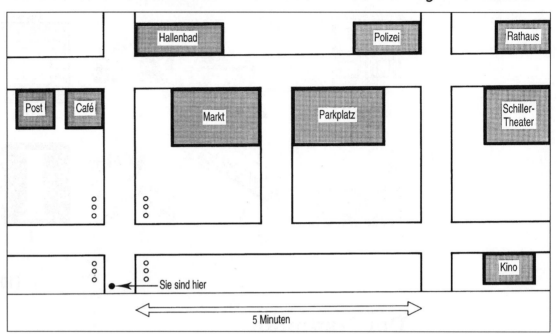

3 Sprechen

Sie sprechen mit einer Brieffreundin.

Hören Sie sich die Kassette an. Die Freundin stellt Fragen über Ihre Stadt.

4 Schreiben

Schreiben Sie einen Artikel für eine deutsche Schülerzeitung. Titel: Meine Stadt/Mein Dorf.

Schreiben Sie ungefähr 130 Worte.

- Wo liegt Ihre Stadt/Ihr Dorf?
- Was kann man dort machen/sehen?
- Welche Möglichkeiten gibt es für junge Leute?
- Industrie?
- Tourismus?
- Sport?

Ein Tagesausflug

1 Sprechen

You have a German visitor staying with your family and have planned a day out. Use the details given below to explain about the trip in German.

Abfahrt nach Alton Towers: 09.30   *Mittagessen: Restaurant (Preis?)*
Treffpunkt: Jugendklub   *Rückkehr (Stadtmitte): 20.30*
Fahrkarte und Eintritt: £15.50   *Nach Hause mit Vater*

2 Schreiben

Sie haben einen Tagesausflug gemacht.

Schreiben Sie eine Postkarte an einen deutschen Freund/eine deutsche Freundin.

- Wo waren Sie?
- Wie lange?
- Wie sind Sie gefahren?
- Mit wem?
- Was haben Sie gemacht?

Schreiben Sie ungefähr 50 Worte.

3 Sprechen

Sie haben einen Tagesausflug gemacht.

Beschreiben Sie den Ausflug. Was haben Sie gemacht?

Einkaufen

1 Hören und antworten

Hören Sie sich die Kassette an und beantworten Sie die Fragen.

Suchen Sie jedesmal die richtige Antwort aus und schreiben Sie die richtigen Buchstaben in die Kästchen.

1 Was kostet ein Kilo Bananen?

    a 3,50 DM

    b 2,15 DM

    c 3,15 DM

    c 3,40 DM

2 Was möchte die Frau?

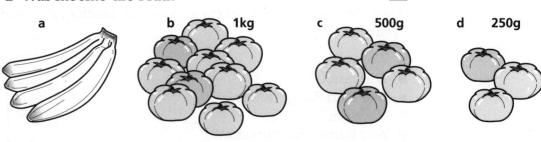

3 Was ist hier die beste Antwort?

    a Das kostet 10,00 DM bitte.

    b Ich hätte gern ein Kilo Äpfel.

    c Auf Wiedersehen.

    d Nichts zu danken.

4 Was möchte der Mann?

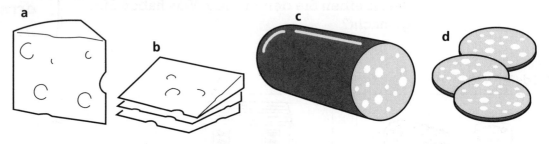

5 Wo kauft man Schuhe?

    a im 2. Obergeschoß

    b im 1. Obergeschoß

    c im Erdgeschoß

    d im Untergeschoß

6 Welche Nummer will der Mann?

    a 40

    b 42

    c 44

    d 46

7 Was ist richtig?

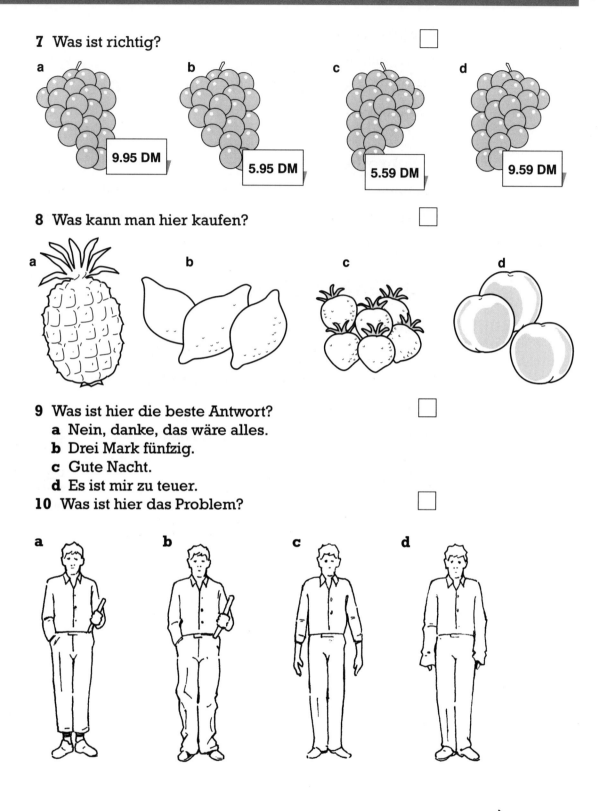

a **9.95 DM**

b **5.95 DM**

c **5.59 DM**

d **9.59 DM**

8 Was kann man hier kaufen?

a   b   c   d

9 Was ist hier die beste Antwort?
  a Nein, danke, das wäre alles.
  b Drei Mark fünfzig.
  c Gute Nacht.
  d Es ist mir zu teuer.

10 Was ist hier das Problem?

a   b   c   d

[10 Punkte: 7/10]

2 Schreiben

Sie organisieren eine Party.

Was kaufen Sie? Schreiben Sie eine Liste: 10 Dinge.

Beispiel: Kartoffelchips

3 Schreiben

Sie planen ein Picknick mit Freunden und Freundinnen.

Was müssen Sie kaufen? Schreiben Sie eine Liste: 10 Dinge.

Beispiel: Brot

Die Einkaufsliste

1 Hören und antworten

Bodo geht für seine Mutter einkaufen. Er hat seine Liste falsch geschrieben.

Hören Sie sich die Kassette an. Bodos Mutter spricht.

Korrigieren Sie die Liste.

Bäcker
6 Brötchen

bei König
Käsekuchen
Himbeertorte

Gemüsehändler
1 Kilo Erbsen
2 Gurken

Metzger
2 Schweinekoteletts
200 Gramm Salami
500 Gramm Schinken

Post
3 Briefmarken

bei Jesse
Seife
Schuhcreme

[5 Punkte: 4/5]

Der Einkaufsbummel

1 Hören und antworten

Sabine und Martina haben einen Einkaufsbummel gemacht.

Hören Sie sich die Kassette an. Sie hören ein Gespräch zwischen ihnen. Beantworten Sie die Fragen mit „Sabine" oder „Martina".

Wer. . .	Sabine/Martina
1 hat einen Hut gekauft?	
2 hat mehr als 20 Mark ausgegeben?	
3 hat Socken gekauft?	
4 fährt bald in Urlaub?	
5 hat etwas für ihren Freund gekauft?	
6 war im Schuhgeschäft?	
7 geht auf eine Party?	
8 ist ein bißchen unzufrieden?	
9 hat mehr ausgegeben, als sie wollte?	
10 hat etwas für den Winter gekauft?	

[10 Punkte: 8/10]

2 Schreiben

Sie sind am Samstag mit Freunden und Freundinnen in der Stadt einkaufengegangen.

Schreiben Sie einen Brief an einen deutschen Freund/eine deutsche Freundin und erzählen Sie, was Sie gemacht haben (100 Worte).

- Wie gefahren?
- Wann?
- Was gekauft?
- Wo gegessen?
- Wieviel Geld ausgegeben?
  usw.

Auf der Reise

1 Hören und antworten

Hören Sie sich die Kassette an und schreiben Sie den richtigen Buchstaben in jedes Kästchen.

Beispiel: Was möchte der Mann?

1. Was sucht die Frau?

2. Wann fährt der Zug ab?

3. Was möchte der Mann machen?

4. Was möchte die Frau wissen?

5. Was sucht diese Frau?

6. Was will der Mann kaufen?

[6 Punkte: 4/6]

Am Fahrkartenschalter

1 Sprechen

Hören Sie sich die Kassette an und beantworten Sie die Fragen. Benutzen Sie folgende Informationen:

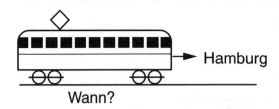

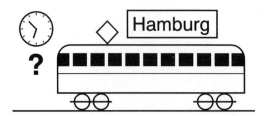

Eine Schiffsfahrt

1 Hören und antworten

Hören Sie sich die Kassette an und tragen Sie die richtigen Informationen in das Notizbuch ein:

Abfahrtszeiten: 10.00, _____, 13.30, _____, _____ [3]

Fahrt dauert _____ Minuten [1]

Preis: Erwachsene: _____ DM Kinder: _____ DM [2]

Täglich außer _____ vom 1. Mai bis _____ [2]

Im April nur _____ und _____ [2]

[10 Punkte: 8/10]

2 Lesen und antworten

Lesen Sie den Text und füllen Sie die Lücken aus.

BERCHINGER PERSONENSCHIFFSFAHRT
Salonschiff für alle Jahreszeiten

Natur und Erlebnis auf dem neuen Main – Donau – Kanal

Linienverkehr im Altmühltal
Charterfahrten – Abendfahrten
Tanzfahrten – Hochzeitsfahrten

Liniendienst „Altmühltal"
vom 1. April – 15. Oktober täglich außer Montag für Busgruppen ab 50 Personen auch in den Wintermonaten mit Anmeldung

Berching ab	10.45	13.30	16.15
Beilngries an	11.45	14.35	17.20
Beilngries ab	12.00	14.45	17.30
Berching an	13.05	15.50	18.35

Fahrpreise	Einfache Fahrt	Hin- und Rückfahrt
Erwachsene	8,– DM	12,– DM
Kinder 5–16 Jahre	5,– DM	6,– DM
Familienkarte	18,– DM	28,– DM
Fahrräder frei		

1 Man macht diese Reise mit dem ....

2 Erste Fahrt:

   a Man fährt um .... von Berching ab.

   b Man kommt um .... in Beilngries an.

3 Letzte Fahrt:

   a Man fährt um .... von Beilngries ab.

   b Man kommt um .... in Berching an.

4 Preis für eine Familie (hin und zurück): .... DM

5 Preis für ein Fahrrad: .... DM

[7 Punkte: 5/7]

Ein Verkehrsunfall

 ## 1 Hören und antworten

Hören Sie sich die Kassette und sehen Sie sich diese Bilder an.

In welcher Reihenfolge wird folgendes erwähnt?

1

2

3

4

5

6

7

8

9

[9 Punkte:  **7/9]**

 ## 2 Schreiben

Sie waren auf der Straße und Sie haben einen Unfall gesehen. Was ist passiert?

Schreiben Sie einen Bericht für die Polizei. Schreiben Sie ungefähr 150 Worte.

Wettervorhersage

 ## 1 Hören und antworten

Sehen Sie sich die Symbole an:

Wie ist heute das Wetter in Deutschland? Hören Sie der Kassette zu.

Tragen Sie die passenden Temperaturen und Zahlen in die Tabelle ein:

	Ort	Temperatur	Symbol (Zahl)
Beispiel:	*Hamburg*	*17°C*	*4*
	Berlin		
	Dresden		
	Stuttgart		
	Frankfurt		
	München		

[10 Punkte: 7/10]

2 Lesen und antworten

Lesen Sie die Wettervorhersage.

Reisewetter

Dänemark: Wechselnd wolkig, am Mittwoch Niederschlag, teils Schnee, teils Regen, Tagestemperaturen wenig über dem Gefrierpunkt, im Binnenland auch etwas darunter.

Kanarische Inseln: Bei mäßigen, örtlich auch frischen, nördlichen Winden wolkig mit Aufheiterungen, nur an den Nordküsten und im Nordstau der Berge zeitweise stärker bewölkt, aber kaum Schauer. Temperaturrückgang auf 16 bis 20 Grad.

Griechenland, Türkei, Zypern: Teils sonnig, teils wolkig und vorübergehend Regen, im Bergland Schnee. Höchsttemperaturen im Anatolischen Hochland um 5, an den Schwarzmeerküsten um 11 und im Süden bei 18 Grad.

Beantworten Sie die folgenden Fragen. Schreiben Sie D (= Dänemark), KI (= Kanarische Inseln) oder GTZ (= Griechenland, Türkei, Zypern).

1 Wo ist es am kältesten?
2 Wo ist das Wetter am unterschiedlichsten?
3 Wo gibt es am wenigsten Niederschlag?
4 Wo ist der Wind am stärksten?
5 Wo wird es kühler?
6 Wo gibt es Gebiete, wo es friert?
7 Wo schneit es in den Bergen?

[7 Punkte: 5/7]

Mein Beitrag zum Umweltschutz

1 Hören und antworten

Wer macht was, um die Umwelt zu schützen?

Hören Sie der Kassette zu. Füllen Sie die Tabelle aus.

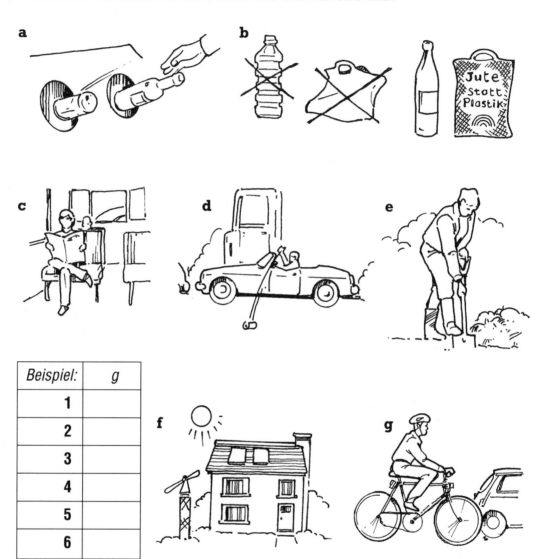

Beispiel:	g
1	
2	
3	
4	
5	
6	

[6 Punkte: 🎯 **5/6]**

2 Sprechen: Rollenspiel

You are having a conversation with a young German speaker about the pros and cons of 'environmentally friendly' living. Listen to the tape and respond appropriately. Your conversation partner will speak first.

1 Erzählen Sie, was Sie und Ihre Familie machen.
2 Äußern Sie sich zu dieser Meinung.
3 Schlagen Sie vor, was er machen könnte.
4 Nehmen Sie Abschied von Ihrem Gesprächspartner.

Tonne, Sack & Co.

1 Lesen und antworten

Welche Überschrift paßt zu welcher Liste? Schreiben Sie die richtigen Buchstaben.

Überschrift	Liste (a, b, c oder d)
1 Graue Restmülltonne	☐
2 Gelber Sack für Verpackungen	☐
3 Braune Biotonne	☐
4 Blaue Papiertonne	☐

Listen

a Das kommt rein:
Getränkedosen
Konservenbüchsen
Joghurtbecher
Spülmittelflaschen
Zahnpastatuben

b Das kommt rein:
Briefumschläge
Eierkartons
Hefte
Kataloge
Waschmittelkartons

c Das kommt rein:
Asche von Kohle
Kerzenreste
Lederreste
Porzellan
Windeln

d Das kommt rein:
Eierschalen
Obst und Gemüse
Rasenschnitt
Teebeutel
verwelkte Blumen

[4 Punkte: 4/4]

2 Lesen und antworten

Tragen Sie die fehlenden Wörter in die Lücken ein.

Wörter zur Auswahl:

1 frisch   5 hochwertige
2 Sternchen   6 abartige
3 unverpackte   7 Nachfüllstationen
4 Werbung   8 Mehrwegverpackungen

a Wer .... Ware einkauft, vermeidet die Schachtel in der
  Schachtel in der Schachtel.

b .... verkleinern den eigenen täglichen Müllberg, weil
  man sie zum Geschäft zurückbringt.

c .... bieten die Möglichkeit, z.B. Wasch- und Putzmittel
  oder Getränke in eigene Behälter abzufüllen.

d Wer viele Lebensmittel .... einkauft, bringt weniger
  Müll, dafür aber mehr Vitamine ins Haushalt.

e .... Güter leben länger und lassen sich besser
  reparieren oder weiterverkaufen als Billigware, die schnell zu Müll wird.

f Gegen Reklameblättchen hilft ein Aufkleber am Briefkasten mit der
  Aufschrift: „Stop! Bitte keine .... einwerfen!".

[6 Punkte: 4/6]

3 Lesen und antworten

Briefly summarise the tips given in task 2 in your own words in English.

Example:

a *Buy unwrapped goods – you won't be paying for unnecessary packaging.*

b ....

c ....

d ....

e ....

f ....

[10 Punkte: 7/10]

Kraftwerk gesunken

1 Hören und antworten

Jetzt hören Sie einen Radiobericht.

Sind die folgenden Sätze richtig, falsch oder nicht im Hörtext?

	R	F	N
1 Das Wellen-Kraftwerk wurde in England gebaut.			
2 Es hat keinen Strom geliefert, bevor es gesunken ist.			
3 Es hat eine ganz trübe Farbe.			
4 Es wiegt 20 Tonnen.			
5 Es war weniger als einen Monat an der richtigen Stelle.			
6 Es war ungefähr 200 Meter vor der schottischen Küste verankert worden.			
7 Der Strom vom Wellen-Kraftwerk sollte teuer aber umweltfreundlich sein.			
8 Das Wellen-Kraftwerk ist durch einen Terroranschlag versenkt worden.			
9 Das Projekt hat mehr als DM 9 000 000 gekostet.			
10 Es gibt noch drei Wellen-Kraftwerke vor der Küste Großbritanniens.			

[10 Punkte: 6/10]

2 Schreiben

Schreiben Sie einen Artikel (100–150 Worte) mit dem Titel „Die Umwelt leidet! Was können wir tun?".

Was Sie erwähnen können:

- Was man zu Hause machen kann
- Was man in der Schule oder am Arbeitsplatz machen kann
- Was man beim Einkaufen alles bedenken kann
- Umweltfreundliche Transportmittel
- Alternative Energiequellen
- Was die Politiker machen können
- Was passieren könnte, wenn man nichts oder nicht genug macht.

Weihnachten

 ## 1 Lesen und antworten

Lesen Sie den Text und beantworten Sie die Fragen auf deutsch.

FÜR manche Berliner Studenten kann Weihnachten harte Arbeit sein. Denn von vierzehn bis zwanzig Uhr am vierundzwanzigsten Dezember verwandeln sich etwa achthundert Studenten in Weihnachtsmänner.

Zwei Organisationen schicken die jungen Männer durch die ganze Stadt. Letztes Jahr besuchten die Weihnachtsmänner etwa zehntausend Familien. Sie verdienten pro Besuch achtunddreißig Mark und manchmal Trinkgeld bis zu zehn Mark. Ein guter Weihnachtsmann macht bis zu fünfzehn Besuchen.

„Die Weihnachtsmänner nehmen Kontakt mit den Eltern auf und verabreden, wann sie ankommen," erzählt Stephan Mücke, 25, seit vier Jahren selber Weihnachtsmann. „Wir notieren auch Informationen über die Kinder und wo wir die Geschenke finden."

So eilt der moderne Weihnachtsmann auf seinem Fahrrad von Haus zu Haus. Die Augen der Kinder leuchten vor Freude. Manchmal kann die Aufregung Folgen haben. „Ich war Weihnachtsmann bei einem Kindergartenfest," sagt Stephan Mücke. „Ein kleines Kind, das auf meinem Schoß saß, hat sich zu sehr aufgeregt und mußte pullern. Ich hatte zum Glück eine zweite Hose dabei."

Ein guter Weihnachtsmann muß die richtige Kleidung tragen: einen roten Anzug und eine Mütze und natürlich einen langen weißen Bart. Schlanke Weihnachtsmänner stecken auch noch ein dickes Kissen unter den Anzug.

Man muß auch ein wenig Erfahrung mit Kindern haben und ein guter Schauspieler sein. Außerdem muß man das stressige Besuchsprogramm durchhalten können. Hinterher wollen die meisten Weihnachtsmänner nur noch ins Bett.

„Wenn man so eine Tour hinter sich hat, dann ist man völlig erschöpft. Man will gar nichts mehr von Weihnachten wissen."

1 Was sind die Arbeitsstunden dieser Studenten? [2]

....

2 Wieviele Studenten nehmen daran teil? [1]

....

3 Wieviele Familien haben die „Weihnachtsmänner" letztes Jahr besucht? [1]

....

4 Wieviel verdienen sie pro Besuch? [1]

....

5 Wieviele Besuche macht ein guter Weihnachtsmann? [1]

....

6 Seit wann ist Stephan Weihnachtsmann? [1]

....

7 Wie fahren die Weihnachtsmänner von einem Haus zum nächsten? [1]

....

8 Warum mußte Stephan eine zweite Hose anziehen? [1]

....

9 Was muß ein guter Weihnachtsmann tragen? [2]

....

10 Was wollen die Weihnachtsmänner nach allen Besuchen tun? [1]

....

[12 Punkte: 9/12]

Feste

1 Schreiben

Wählen Sie entweder Thema A oder Thema B.

A Wie haben Sie Ihren letzten Geburtstag gefeiert?

Schreiben Sie einen Brief an eine deutsche Freundin/einen deutschen Freund und erzählen Sie ihr/ihm, was Sie alles gemacht haben.

Schreiben Sie ungefähr 150 Worte.

B Schreiben Sie einen Brief an einen deutschen Freund/eine deutsche Freundin. Erzählen Sie von einem Fest bei sich zu Hause.

Zum Beispiel: Weihnachten
eine Geburtstagsfeier
eine Hochzeitsfeier
Ostern
Ramadan
Diwali

2 Hören und antworten

Hören Sie sich die Kassette an.

Leute sprechen über Feste in Deutschland. Benutzen Sie die Informationen unten und füllen Sie die Tabelle aus.

Wählen Sie die Wörter aus der Liste. Sie brauchen nicht alle Wörter.

Feste

Karfreitag   Fasching   Nikolaustag   Heiligabend   Ramadan
Ende des Ramadans   Silvester   Pfingsten   Aschermittwoch

Was?

Schuhe vor der Tür	Neue Kleider anziehen
Eier im Garten verstecken	Schuhe putzen
Kekse backen	Wichtig für die Türken in Deutschland
Während des Tages nichts essen	Geschichten erzählen
Feuerwerk	mit Glöckchen klingeln
Glocken läuten	Am nächsten Morgen lange schlafen
Alles ruhig	Neuer Mond erscheint
Blumen schenken	Geschenke geben
Der Tod von Jesus Christus	

	Fest	Wann?	Was?
Beispiel:	*Silvester*	*31. Dezember*	*Feuerwerk* *Am nächsten Morgen lange schlafen*
1	[1]	[1]	[3]
2	[1]	[1]	[2]
3	[1]	[1]	[2]
4	[1]	[1]	[2]
5	[1]	[1]	[2]
6	[1]	[1]	[1]

[24 Punkte: 18/24**]**

Eine gute Nachricht!

1 Lesen und antworten

Lesen Sie diesen Brief und beantworten Sie die Fragen.

Liebe Elizabeth, lieber Martyn!

Endlich haben wir etwas zu berichten. Gute Nachricht!
Emma Heike ist um 0.17 Uhr am 17. Februar im Marienkrankenhaus auf die Welt gekommen. Unserer Tochter Monika geht es ganz gut, obwohl sie sich natürlich mit ihrem neuen Baby sehr müde fühlt und viel schlafen will.

Bodo (nächsten Monat vier Jahre alt) freut sich sehr über seine kleine Schwester. Emma sieht aus wie ihr Opa - schöne blaue Augen und keine Haare! Wie ihre Mutti kann sie gut singen - das heißt, sie versucht es wenigstens. Sie heult prima um drei Uhr morgens!

Bald gibt es Sommerferien. Wir feiern im August unseren 40. Hochzeitstag. Wir bereiten ein großes Fest hier im Dorf vor, mit Essen und Tanzen; natürlich seid Ihr herzlich willkommen. Unterkunft ist kein Problem. Ihr könnt bei meiner Schwester Simone wohnen. Sie hat Gästezimmer. Die Hochzeitsfeier findet am 11. August statt. Könnt Ihr vielleicht die ganze Woche bleiben? Es wäre so schön, uns nach 2 Jahren mal wiederzusehen. Bitte schreibt bald und sagt uns, daß es klappt.

Wie geht's Euren Enkelkindern? Gefällt dem Peter seine neue Schule? Geht die Anna immer noch in den Kindergarten? Sie ist jetzt 4 Jahre alt, oder?

Ich glaube, das ist im Moment alles. In der Hoffnung, möglichst bald wieder von Euch zu hören

Alles Liebe,   Werner und Monika

Füllen Sie die Lücken aus.

1 Emma Heike ist .... von Monika und Werner. [1]

2 Bodo ist .... von Emma Heike. [1]

3 Bodo ist .... Jahre alt. [1]

4 Emma hat .... Augen und .... Haare. [2]

5 Im Sommer feiern .... ihren 40. Hochzeitstag. [1]

6 Sie planen .... mit .... [2]

7 Monika und Werner hoffen, Elizabeth und Martyn .... [1]

8 Die .... findet am 11. August statt. [1]

9 Peter ist der .... von Martyn. [1]

10 .... Schwester geht in die Vorschule. [1]

[12 Punkte: 🎯 **9/12]**

Die Arbeitswelt

Haben Sie einen Job?

1 Hören und antworten

Hören Sie sich die Kassette an. Junge Leute sprechen über ihr Taschengeld und ihre Jobs. Füllen Sie die Tabelle für jede Person aus.

	Job oder Taschengeld?	Wieviel Geld?	Was machen sie damit?
1	[1]	[1]	[2]
2	[1]	[1]	[2]
3	[1]	[1]	[2]
4	[1]	[1]	[2]
5	[1]	[1]	[2]

[20 Punkte: 16/20]

2 Sprechen

Beantworten Sie die Fragen auf deutsch:

- Haben Sie einen Job?
- Was machen Sie?
- Wieviel verdienen Sie?
- Bekommen Sie Taschengeld? Wieviel?
- Wofür geben Sie Ihr Geld aus?

Welchen Nebenjob haben sie?

1 Hören und antworten

Sehen Sie sich die Bilder an, dann hören Sie der Kassette zu. Schreiben Sie die richtigen Buchstaben in die Tabelle.

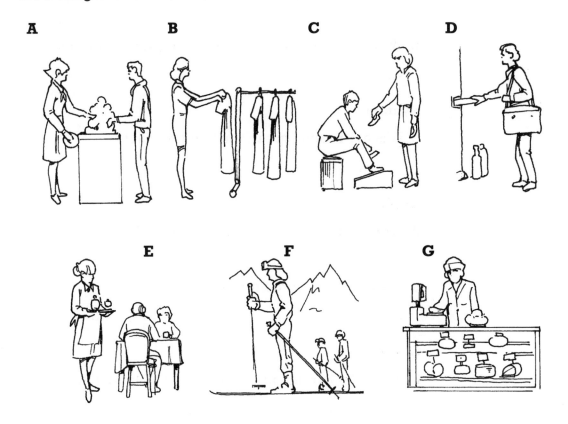

Beispiel:	Anna-Lisa	G
1	Kamilla	
2	Yvonne	
3	Emilie	
4	Claudia	

[4 Punkte: 3/4]

2 Hören und antworten

Hören Sie der Kassette noch einmal zu. Beantworten Sie diese Fragen:

Kamilla

a Wie alt ist Kamilla?

....

b Was haben die Leute in den Boutiquen zu ihr gesagt?

....

Yvonne

c Was hat Yvonne mit ihrem Geld gemacht?

....

Emilie

d Wer wollte nicht, daß Emilie arbeitet?

....

e Wieviel hat sie pro Stunde verdient?

....

Claudia

f Wieviele Stunden in der Woche hat Claudia gearbeitet?

....

[6 Punkte: 4/6]

Wie finde ich überhaupt einen Job?

 1 Lesen und antworten

> Am besten fragst du in Boutiquen, Sportcentern, bei der Post, in Schreibbüros oder auch bei Reinigungsfirmen nach. Gerade in der Ferienzeit werden häufig Aushilfen gesucht. Du kannst dich auch beim Arbeitsamt erkundigen oder in die Kleinanzeigen der Lokalzeitungen schauen. Aber Achtung! Wenn Traumlöhne versprochen werden oder in der Anzeige nicht genau beschrieben wird, was du eigentlich machen sollst, laß lieber die Finger davon. Du kannst auch selbst eine Annonce bei einer Zeitung aufgeben oder am Schwarzen Brett im Supermarkt aushängen. Telefonnummer nicht vergessen.

Welche Wörter im Artikel haben die folgenden Bedeutungen?

a Sehr hohe Gehälter

....

b Die Tage, an denen man nicht zu arbeiten braucht

....

c Geschäfte, in denen man modische Kleidung kaufen kann

....

d Eine Kleinanzeige

....

e Ein Ort, wo man Stellen suchen und sich beraten lassen kann

....

[5 Punkte: 4/5]

2 Lesen und antworten

Read the article again and answer the questions in English.

1 What is the best way of getting a job in a boutique, in a sports centre or at the post office? [1]

....

2 When are you most likely to find a job? [1]

....

3 Where else can you look for a job? [2]

....

4 Under which circumstances should you be particularly careful? [2]

....

5 What can you do if you want to take more initiative in your search for a job? [2]

....

[8 Punkte: 5/8]

3 Schreiben

Sie wollen ein paar Wochen in Deutschland arbeiten.

Schreiben Sie eine Annonce für die Lokalzeitung oder das Schwarze Brett im Supermarkt (70–80 Worte).

Sagen Sie:

- wann Sie Zeit haben
- wie lange Sie arbeiten wollen
- was Sie gerne machen möchten
- was für positive Charaktereigenschaften Sie haben
- wo Sie herkommen
- wie alt Sie sind
- wie gut Ihre Deutschkenntnisse sind
- wie man Sie erreichen kann.

Ferienjobs – wie ist es bei dir gelaufen?

 ## 1 Hören und antworten

Die folgenden Personen sprechen über ihre Ferienjobs:

1 Frauke
2 Alexander
3 Inga

Hören Sie der Kassette gut zu und schreiben Sie den passenden Namen in jede Lücke.

a .... hat nach langem Suchen jetzt den idealen Job gefunden.

b .... könnte vielleicht bald Vegetarierin werden.

c .... hat einen Job, worüber seine (sexistischen) Freunde am Anfang lachten.

d .... kommt mit ihren Arbeitskollegen sehr gut aus.

e .... meint, daß er nicht sehr viel tun muß, um sein Geld zu verdienen.

f .... kann ihr Hobby mit ihrer Arbeit verbinden.

[6 Punkte: **4/6]**

 ## 2 Sprechen: Rollenspiel

Interview zum Thema „Freizeitjob"

Arbeiten Sie mit einem Partner/einer Partnerin zusammen. Jeder/Jede wählt einen Job von der Liste unten. Stellen Sie Ihrem Partner/Ihrer Partnerin Fragen über den Job.

Jobs

Küchenhilfe in einem Restaurant
Zeitungsjunge oder -mädchen
Verkäufer(in) in einem Geschäft
Hilfskraft in einem Büro
Trainer(in) in einem Sportclub

Fragen

- Hast du einen Freizeitjob?
- Wo arbeitest du?
- Seit wann machst du diese Arbeit?
- Wie findest du die Arbeit?
- Wie sind deine Arbeitszeiten?
- Wieviele Tage arbeitest du pro Woche?
- Wieviel verdienst du?
- Wofür brauchst du das Geld?

Note: You can use the recording of the questions on the cassette to practise your answers.

Interview zum Thema Berufspläne

1 Sprechen: Rollenspiel

Wählen Sie einen Beruf und beantworten Sie die Fragen, die Sie auf der Kassette hören.

Busfahrer/Busfahrerin   Lehrer/Lehrerin   Tierarzt/Tierärztin

Maurer/Maurerin   Profi-Sportler/Sportlerin   Programmierer/Programmiererin

1 Beanworten Sie die Frage.
2 Nennen Sie zwei Gründe.
3 Beantworten Sie die Frage.
4 Beantworten Sie die Frage.
5 Beantworten Sie die Frage. Nennen Sie Ihre Gründe.

Lebenslauf

1 Hören und antworten

Hören Sie sich die Kassette an und füllen Sie die Lücken in diesem Lebenslauf aus.

Familienname: *Schmidt*

Vorname(n): *Maria*

Geburtsdatum: .... / .... / ....   Geburtsort: ....

Familienstand: *Ledig*   Staatsangehörigkeit: ....

Schulen:

Von .... bis *1989*   *Gerd-Hauptmann-Schule*
98760 Lechbergen

Von *1989*   bis ....   *Dittrich–* ....
99999 Obergaukel

Angestrebte Qualifikationen: ....
(Bitte Name der Qualifikation und Fächer angeben!)
     Fächer: *Deutsch* ....
          Mathematik ....

Arbeitserfahrung: *Praktikum in einem* ....

          .... *für eine* ....

Hobbys und andere Freizeitinteressen: ....

          ....

          ....

[15 Punkte: 🎯 10/15]

2 Schreiben

Füllen Sie einen Lebenslauf für sich selbst aus. Folgen Sie dem Beispiel oben.

3 Sprechen/Schreiben

Füllen Sie einen Lebenslauf für einen Klassenkameraden aus. Welche Fragen sollen Sie stellen? Hier sind einige Ideen:

- Wie heißen Sie (mit Vornamen)?
- Wo sind Sie geboren?
- Können Sie das bitte buchstabieren?
- Haben Sie schon einmal ein Praktikum gemacht?

Ausbildung zur Hotelfachkraft

1 Lesen und antworten

Lesen Sie den Artikel.

Ein bestimmter Schulabschluß ist nicht vorgeschrieben. Auf jeden Fall werden persönliche Eigenschaften wie Aufgeschlossenheit, Flexibilität und Fleiß vorausgesetzt. Ebenso ein paar englische Sprachkenntnisse. Die Ausbildung dauert in der Regel drei Jahre. Du durchläufst während der Ausbildung sämtliche Bereiche des Hotels – Hausverwaltung, Service, Küche, Büroabteilung, bei größeren Hotels die Werbeabteilung, Rezeption – und entscheidest erst nach der Ausbildung, wo du eingesetzt werden möchtest. Deine Chancen hängen auch davon ab, welche Stellen gerade angeboten werden, aber spezialisieren mußt du dich nicht.

In dem Hotelfachschulunterricht stehen auf dem Stundenplan Fächer wie Wirtschaft, Kochen, Hygiene und Naturwissenschaften, die sich speziell auf Lebensmittel und Umweltschutz beziehen. Nach der Abschlußprüfung vor der Industrie- und Handelskammer bist du dann eine „staatlich geprüfte Hotelfachkraft".

Ja, nein oder nicht erwähnt? Kreuzen Sie für jeden Satz das entsprechende Kästchen an.

		Ja	Nein	Nicht erwähnt
1	Man muß Abitur machen, wenn man im Hotel arbeiten will.			
2	Die Ausbildung dauert meistens drei Jahre.			
3	Während der Ausbildung lernt man den Hotelbetrieb von allen Seiten kennen.			
4	Man muß schon am Anfang wissen, wo man im Hotel arbeiten will.			
5	Viele Fächer im Hotelfachschulunterricht beziehen sich auf Lebensmittel und Umweltschutz.			
6	Am Ende der Ausbildung macht man eine mündliche Prüfung.			

[6 Punkte: 4/6]

2 Lesen und antworten

Lesen Sie den Artikel noch einmal. Beantworten Sie die Fragen auf deutsch.

1 Welche Voraussetzungen sind für Einsteiger in die Hotelbranche am wichtigsten? [2]

....

....

2 Inwiefern kann man selbst entscheiden, in welchem Bereich eines Hotels man später arbeiten wird? [2]

....

....

3 Was erfährt man im Artikel über die Ausbildung zur Hotelfachkraft? [4]

....

....

....

[8 Punkte: 5/8]

Stellenangebote

1 Lesen und antworten

Welche Stelle paßt am besten zu welcher Person? Schreiben Sie den passenden Buchstaben in jedes Kästchen.

Stellen

A

Für unser leistungsstarkes Team suchen wir ab sofort erfahrene Auslieferungsfahrer für Auslieferung von Elektrogeräten im Großraum Köln. Tel. 02 21/98 78 45

B

Kaufmännische(r) Mitarbeiter/in mit guten Französischkenntnissen ab sofort gesucht. Köln 48 52 62

C

Metzgereifachverkäufer/in für Laden- und Partyservice bei Spitzenlohn gesucht. Metzgerei P. Walraff 0 23 32/5 67 89

D

Student/in mit kaufmännischen Kenntnissen ab sofort für zwei Monate gesucht. Köln 46 99 87

E

Café Cremer sucht Bäcker und Konditor. Breite Straße 54. Tel. 55 44 66

F

Unser Team (Damen- und Herrenfrisör) braucht Verstärkung! Auch Teilzeit möglich. Tel. 27 69 11

G

Aushilfe für Fassadenreinigungen, eventuell auch rüstiger Rentner, gesucht. Köln 94 17 27 16

H

Für unseren Telefondienst stellen wir zwei freundliche Hilfskräfte (25–65 Jahre) ein. Montag–Freitag Vor- oder Nachmittag je 4 Stunden. Tel. 02 21/ 54 18 35

I

Taxinachtfahrer Mercedes. Köln 74 83 23

Personen

Beispiel: Bernard fährt gern Auto. Er kennt Köln und Umgebung sehr gut. Er möchte nur nachts arbeiten. `I`

1 Claudia studiert in Köln. Sie hat letztes Jahr in einem Büro gearbeitet. Sie möchte ein Auto kaufen und braucht Geld dafür. ☐

2 Paul ist 45 Jahre alt. Er hat 15 Jahre lang bei einer Firma in Paris gearbeitet. ☐

3 Peter ist pensioniert aber noch sehr fit. Er möchte ein paar Stunden pro Tag arbeiten, um aus dem Haus herauszukommen und für den Urlaub zu sparen. ☐

4 Heidi hat schon viele Jahre in der Fleischabteilung in einem großen Supermarkt gearbeitet. Sie möchte eine neue Stelle und mehr verdienen. ☐

5 Ursula kann sehr gut Haare schneiden. Sie will nur nachmittags arbeiten. ☐

6 Maria ist sehr nett. Sie spricht gern mit fremden Menschen. ☐

[6 Punkte: 4/6]

Drei Arbeitsangebote

1 Lesen und antworten

A

> Tierarztpraxis in der Nähe des Stadtwaldes sucht gelegentliche Aushilfe. Ideale Ferien- oder Wochenendarbeit für Schüler/in, der/die genauso gern mit Menschen wie mit Tieren zusammen ist. Keine Erfahrung nötig – nur Interesse an der Sache und Freude am Lernen. Tel. 05554 78564

B

> Sportklub braucht Trainer für Erwachsene und Jugendliche. Schwerpunkte sind Volleyball, Fußball, Tennis. Wir suchen keinen ehemaligen Weltmeister, sondern einen freundlichen, kompetenten Menschen, bei dem der Sport so richtig Spaß macht. Rufen Sie uns an! 05563 5889

C

> *Wären Sie bereit, fünf Nachmittage (oder mehr) alleine in einem Feld zu sitzen? Wir (zwei Biologen der Universität Ballersborn) suchen Leute, die es gern ruhig haben und die für unser Forschungsprojekt Vögel und andere Tiere zählen. Tel. 05554 763291*

Welche Arbeit würde den folgenden Leuten am besten gefallen – A, B oder C?

1 Ralf ist sportlich begabt und kontaktfreudig.

2 Maria lebt in der Stadtmitte. Sie ist gern mit Menschen zusammen und macht immer gern etwas Neues. Sie geht in die Oberstufe. Sie möchte am Wochenende beschäftigt sein.

3 Klaus hat ein hektisches Berufsleben. Manchmal braucht er Zeit nur für sich.

4 Gilda ist auf einem Bauernhof aufgewachsen. Sie kann mit Tieren gut umgehen.

5 Theo ist qualifizierter Schiedsrichter in verschiedenen Sportarten. Die Spieler mögen ihn und haben immer viel Respekt vor ihm.

6 Peter interessiert sich für die Natur. Sein Hobby ist Ornithologie.

7 Jan hat gerade Abitur gemacht. Er hat vor, Medizin zu studieren, aber er weiß noch nicht, ob er lieber Arzt für Menschen oder Arzt für Tiere werden möchte.

[7 Punkte: 4/7]

Interview mit Sandra Kernist

 ## 1 Hören und antworten

Hören Sie sich das Interview an. Beantworten Sie die Fragen.

1 Was hält Sandra von den Medien? [1]

....

2 Welchen Schulabschluß muß man haben, um beim Fernsehen zu
arbeiten? [1]

....

3 Was kann man an manchen Universitäten studieren? [1]

....

4 Wie kann man Medienerfahrungen sammeln?

   a .... [2]

   ....

   b .... [2]

   ....

5 Worüber hat Sandra während ihrer Studienzeit Artikel geschrieben? [2]

....

....

6 Wann hat Sandra beim Fernsehen angefangen? [1]

....

7 Warum ist Sandra manchmal sehr müde nach der Arbeit? [2]

....

....

[12 Punkte: 8/12]

Interview über den Beruf

 1 Sprechen: Rollenspiel

Suchen Sie sich eine Rolle aus, beantworten Sie dann die Fragen auf der Kassette. Hören Sie sich zuerst das Beispiel an.

Beispiel:

Beruf:	*Zahnarzthelfer(in)*
Arbeitserfahrung:	*5 Jahre*
Qualifikation:	*Abitur, Fachausbildung*
Positive Aspekte:	*Kontakt zu Menschen, naturwissenschaftlich interessant*
Negative Aspekte:	*Immer drinnen*

Rolle A

Beruf:	Lehrer(in)
Arbeitserfahrung:	10 Jahre (an 2 Schulen)
Qualifikation:	Universitätsstudium
Positive Aspekte:	Arbeit mit Jugendlichen
Negative Aspekte:	Korrigieren, Zeugnisse schreiben

Rolle B

Beruf:	Busfahrer(in)
Arbeitserfahrung:	18 Jahre
Qualifikation:	Führerschein, Ausbildung bei den Stadtwerken
Positive Aspekte:	Immer etwas Neues, Uniform
Negative Aspekte:	Ungeduldige Passagiere und Autofahrer

Rolle C: Erfinden Sie Ihre eigene Rolle.

Beruf:	
Arbeitserfahrung:	
Qualifikation:	
Positive Aspekte:	
Negative Aspekte:	

Anzeige: Lufthansa Verkehrsfliegerschule

1 Lesen und antworten

Lesen Sie den ersten Teil der Anzeige. Welche Wörter passen in die Lücken?

Jetzt (a) .... werden. Den Traum

vom (b) .... verwirklichen.

Kein Beruf (c) .... jeder andere.

Für (d) .... eine Berufung.

Die (e) .... sind da.

Die Schule (f) ....

⍟ Lufthansa Verkehrsfliegerschule

Beispiel:	wie	(c)
1	Wetter	
2	viele	
3	Pilotin	
4	auch	
5	Fliegen	
6	als	
7	Stellen	

[5 Punkte: 🎯 4/5]

---

2 Lesen und antworten

Lesen Sie jetzt die ganze Anzeige.

Unsere Cockpits brauchen neue Führungskräfte. Deswegen suchen wir junge Menschen, die hoch hinaus wollen. Hier und jetzt. Und sich von hochqualifizierten Ausbildern alles zeigen lassen, was eine Verkehrsflugzeugführerin zwischen Himmel und Erde wissen muß. Mit computergestützten Lernprogrammen, Full-Flight-Simulatoren und anspruchsvollen Flugzeugen. Zwei interessante Jahre lang. In modernsten Trainingszentren in Bremen und Arizona (USA). Bei einer Schule, die weltweit in ihrem Bereich an der Spitze steht und ab sofort einzigartige Berufsperspektiven bietet: Lufthansa Verkehrsfliegerschule.

Nehmen Sie jetzt Kontakt auf:

Lufthansa Verkehrsfliegerschule, BRE OS/M, Flughafendamm 40, 28199 Bremen.
Telefon (04 21) 55 92-460/-461,
Fax (04 21) 55 92-863.

Richtig oder falsch? Schreiben Sie R oder F in die Kästchen.

1 Die Anzeige ist speziell für Frauen.
2 Die Lufthansa hat im Moment genug Piloten und Pilotinnen.
3 Die Lufthansa sucht junge Menschen mit nicht zu viel Ambition.
4 Die Lufthansa stellt nur Experten als Ausbilder ein.
5 Die Lufthansa benutzt ganz altmodische Technik während der Ausbildung.
6 Die Ausbildung dauert 36 Monate.
7 Während der Ausbildung muß man in Deutschland bleiben.
8 Die Lufthansa Verkehrsfliegerschule ist eine der besten der Welt.

[8 Punkte: 5/8]

Herbergseltern

1 Lesen und antworten

Lesen Sie die Anzeige.

Der DJH-Landesverband Rheinland sucht für die Leitung der Jugendherberge Ratingen (116 Betten) zum nächstmöglichen Zeitpunkt engagierte und vielseitige

Herbergseltern

Voraussetzungen für eine Bewerbung sind:
- Alter ca. 25–40 Jahre
- abgeschlossene Berufsausbildung oder ein abgeschlossenes Studium, Berufserfahrung ist erforderlich
- Fähigkeit zu unternehmerischem Denken und Handeln
- Kontakt- und Konfliktfähigkeit
- positive Grundeinstellung zum Zivildienst und zur Situation von Jugendlichen

Wünschenswert wären Erfahrungen im Großküchenbereich und Grundkenntnisse in der kaufmännischen Buchführung. PC-Kenntnisse erleichtern die Einarbeitung.

Die Tätigkeit in der Jugendherberge ist sehr vielseitig und geprägt von einer hohen Eigenverantwortung.

**DJH-Landesverband Rheinland e.V., Geschäftsführung,
Postfach 110301, 40503 Düsseldorf.**

Setzen Sie die Satzhälften zusammen. Füllen Sie die Tabelle aus.

1 Die Herbergseltern sollen nicht älter	**a** gewiß keine Beschäftigung für Berufseinsteiger.
2 Die Herbergseltern müssen entweder einen Hochschulabschluß	**b** die Probleme von jungen Menschen haben.
3 Die Arbeit als Herbergsvater bzw. -mutter ist	**c** Kreativität und Geduld.
4 Herbergseltern müssen über ein	**d** auch Probleme zwischen Menschen zu lösen.
5 Man muß in der Lage sein, sowohl Beziehungen zu pflegen als	**e** verschiedene Aufgaben.
6 Herbergseltern müssen Verständnis für	**f** viel Eigeninitiative zeigen.
7 Es wäre bestimmt vorteilhaft, wenn man schon mit einem	**g** Computer umgehen kann.
8 Herbergseltern haben immer viele	**h** oder eine berufliche Qualifikation haben.
9 Man verlangt auch von Herbergseltern, daß sie	**i** gewisses geschäftliches Können verfügen.
	j als vierzig Jahre alt sein.

Beispiel:

1	j
2	
3	

4	
5	
6	

7	
8	
9	

[8 Punkte: **5/8]**

---

2 Schreiben

Sie sehen die folgende Anzeige in einer Zeitung. Schreiben Sie eine
Bewerbung um die Stelle.

GESUCHT
für die Jugendherberge

NEUBORSTEL
Hilfskraft für die Sommersaison
(Vom 1. Juli bis 31. August)

Wenn Sie bereit sind,
* **in unserer Küche auszuhelfen**
* **Spiele für unsere jungen Gäste zu organisieren**
* **neben Unterkunft und Verpflegung etwas Taschengeld zu verdienen**
* **zwei Monate in einer wunderschönen Umgebung zu verbringen**

Dann sind Sie bei uns an der richtigen Adresse!

Schreiben Sie sofort an die
Herbergseltern
Jugendherberge Neuborstel
90214 Neuborstel
Deutschland

Und erklären Sie, warum Sie gern bei uns arbeiten möchten.

Your letter of application should contain the following:

- A suitable beginning and ending
- Details of where you saw the advertisement
- Why you would like to do the job
- Details about your knowledge of German
- What your hobbies and interests are
- A request for more details about pay and accommodation.

Der erste Arbeitstag

1 Schreiben

Stellen Sie sich vor, es ist Ihr erster Arbeitstag. Was ist im Laufe des Tages passiert? Schreiben Sie 100–150 Worte.

Hinweise für neue Angestellte

 1 Hören und antworten

Ein Manager erklärt einem neuen Angestellten, was er bei der Bedienung seines Computers beachten soll.

Welche fünf Sätze passen zu den Bildern? Tragen Sie die passende Zahl in jede Lücke ein.

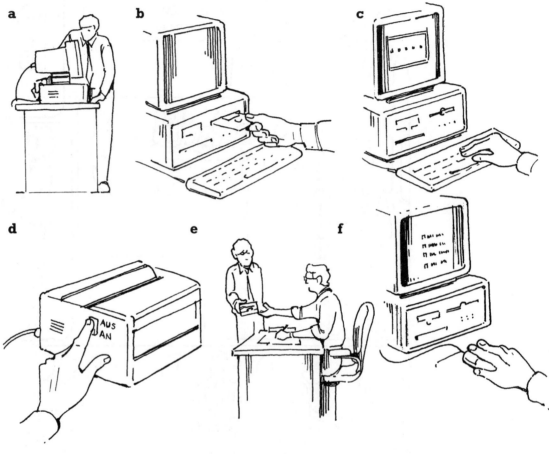

Beispiel: **a** ☐ 1
              b ☐
              c ☐
              d ☐
              e ☐
              f ☐

[5 Punkte: 🎯 4/5]

 2 Hören und antworten

Hören Sie der Kassette noch einmal zu. Fassen Sie die Hinweise auf englisch zusammen.

[10 Punkte: 🎯 6/10]

114

Arbeit und Arbeitslosigkeit

 1 Lesen und antworten

a

> **Bonn** (kne). Mit einem sprunghaften Anstieg um 368 336 Personen auf 4,159 Millionen ist die offiziell registrierte Arbeitslosigkeit im Januar auf den höchsten Stand in Deutschland nach dem Krieg angewachsen. Die Arbeitslosenquote stieg damit innerhalb eines Monats von 9,9 auf 10,8 Prozent. Das geht aus dem Monatsbericht der Bundesanstalt für Arbeit hervor, der heute in Nürnberg veröffentlicht werden soll. In den alten Bundesländern stieg im Januar die Zahl der registrierten Arbeitslosen um 223 967 auf nunmehr 2,901 Millionen. In den neuen Bundesländern waren im Januar mit 1,257 Millionen 144 369 Menschen mehr arbeitslos als noch im Dezember.

b

> **Hannover** (cns). Die niedersächsischen Handwerksbetriebe haben im vergangenen Jahr 1132 Lehrstellen mehr angeboten als im Jahr zuvor.

c

> **Bonn** (dpa). Neue Informationstechnik wird nach Schätzung von Wirtschaftsminister Günter Rexrodt bis zu 1,5 Millionen zusätzliche Arbeitsplätze schaffen.

Lesen Sie die drei Artikel. Welche Überschrift paßt zu jedem Artikel?

1 Mehr Azubis im Handwerk ☐

2 Arbeitslosigkeit steigt auf fast 4,2 Millionen ☐

3 Neue Technik schafft Stellen ☐

[3 Punkte: 🎯 3/3]

 2 Lesen und antworten

Richtig oder falsch? Schreiben Sie **R** oder **F** in die Kästchen.

	R oder F?
1 In diesem Monat gibt es in Deutschland ungefähr 370 000 weniger Arbeitslose als im vorigen Monat.	
2 Seit dem Zweiten Weltkrieg ist die Arbeitslosenzahl noch nie so hoch gewesen.	
3 Die Arbeitslosenquote ist innerhalb eines Monats um etwas mehr als ein Prozent gestiegen.	
4 Es gibt mehr Arbeitslose in den alten Bundesländern als in der ehemaligen DDR.	
5 In den alten Bundesländern sind im Januar mehr Menschen arbeitslos geworden als in der ehemaligen DDR.	
6 In ganz Deutschland gab es im letzten Jahr 1132 Lehrstellen.	
7 Die 1132 Lehrstellen sind im Behördenbereich.	
8 Durch den Computer und andere technologische Fortschritte könnten in Zukunft anderthalb Millionen mehr Menschen eine Stelle bekommen.	

[8 Punkte: 5/8]

T-Online (Btx)

1 Lesen und antworten

Über T-Online sind Sie direkt mit der Elektronischen Fahrplan- und Verkehrsauskunft der Deutschen Bahn verbunden. Reiseplanung und Fahrscheinkauf lassen sich dann vom eigenen PC aus erledigen.

In T-Online sind sämtliche Zugverbindungen und Preise in Deutschland, Verbindungen ins Ausland und auch die Fahrpläne vieler Nachbarbahnen gespeichert. Steht Ihre Reiseroute fest, können Sie gleich Ihre Fahrscheine ordern und einen Platz reservieren. Wir schicken sie Ihnen dann umgehend per Post zu. Die Kosten buchen wir, falls Sie Ihre Kreditkartennummer angegeben haben, vom Konto ab. In puncto Einfachheit ist die Reisevorbereitung mit T-Online nicht zu übertreffen. Alles, was dazu notwendig ist, sind ein Modem und Software für den PC. Bestellunterlagen hierfür können Sie anfordern bei:

Deutsche Bahn AG
Bestell-Center
Elektronische Medien
Postfach 1157
53821 Troisdorf
Telefon (0 22 41) 94 77 77-8
Telefax (0 22 41) 94 77 99

Answer the questions in English.

1 What does the T-Online system enable you to do if you wish to travel by train? [2]

....

2 Why might the system be useful if you wanted to travel abroad from Germany? [2]

....

3 What method of payment is suggested? [1]

....

4 What do you need to connect your PC to the T-Online system? [2]

....

5 Why is the address given at the end? [1]

....

[8 Punkte: 6/8]

2 Schreiben

You have ordered T-Online and are having some problems with it. Write a letter or fax to Deutsche Bahn AG.

Your letter or fax should contain the following:

- Your reasons for ordering the T-Online system
- How easy (or otherwise) you found it to install
- A problem that arose once you tried to use the system
- What you would like the Deutsche Bahn to do now.

Die internationale Welt

Ausflüge: Freizeitangebote

1 Lesen und antworten

Wo kann man einen schönen Tag verbringen?

Sehen Sie sich die Anzeigen an und lesen Sie die Meinungen unten. Wohin sollten diese Leute fahren?

A   **Zwischenahner Meer.** 15 km westl. von Oldenburg. Nur 3 Meter tief, erwärmt sich schnell! Toll zum Segeln und Surfen. Wenig Trubel: Strand bei Dreibergen. Tip: Wanderweg um den See.

B   **Unterbacher See.** Am südöstlichen Stadtrand von Düsseldorf. Gepflegte Strandbäder, feiner Ufersand – und jede Menge Action.

C   **Fort Fun.** Abenteuerland mit Indianerlager, Kavallerie-Fort und Westernstadt. Aufregend: Zugfahrt mit Banditenüberfall. 28/26DM.

D   **Serengeti Safari Park.** Hodenhagen. Tiere von allen Kontinenten. Auto-Safari zu Löwen, Tigern, Elefanten. Witzig: das Affen-Freigehege.

E   **Straße der 1000 Oldtimer.** Traum für Auto-Freaks. Von Ibbenbüren (Auto- und Motorradmuseum) über Westerkappeln (Treckermuseum) und Dissen-Aschen (Dampf- und Nutzfahrzeuge) nach Bad Oeynhausen (Auto-Motorrad-Technik-Museum).

F   **Aqualand.** Köln. Subtropische Wasserlandschaft mit drei Rutschen und sieben Whirlpools. Mordsspaß: Gummireifen-Fahrt auf dem „Crazy River".

Beispiel:
Markus: „Ich will in einen Freizeitpark fahren."   [C]

1 Bernd: „Ich möchte irgend etwas auf dem Wasser machen." [ ]
2 Gabi: „Ich interessiere mich sehr für alte Autos." [ ]
3 Claudia: „Ich will wilde Tiere sehen." [ ]
4 Ewald: „Ich möchte am Strand in der Sonne liegen." [ ]
5 Sabine: „Ich will ins Schwimmbad gehen." [ ]

[5 Punkte: 🎯 **4/5]**

Im Informationsbüro

 1 Sprechen

Hören Sie sich die Kassette an und beantworten Sie die Fragen.

Benutzen Sie folgende Informationen:

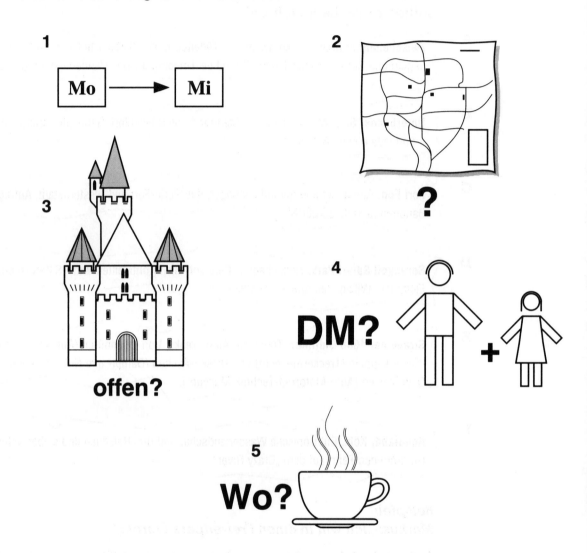

Autobahnraststätten – Symbolerklärung

 1 Lesen und antworten

Was gibt es in dieser Raststätte? Schreiben Sie den passenden Buchstaben in jedes Kästchen. Sie brauchen 8 Buchstaben.

Beispiel:	*Geldautomat*	D
	1 Konferenzraum	
	2 Hundebar	
	3 Behindertenservice	
	4 Autobahnkapelle	
	5 Autobahnübergang	
	6 Telefon	
	7 Babywickelraum	
	8 Kinderspielplatz	
	9 Betten	
	10 Fernfahrerdusche	

[8 Punkte: **6/8]**

 2 Hören und antworten

Hören Sie der Kassette zu. Wo wollen diese Leute hin?

Tragen Sie die passende Zahl in jede Lücke ein.

 1   2   3   4   5   6

Person	Ort
Beispiel: A	*4*
B	
C	
D	
E	
F	

[5 Punkte: **4/5]**

Hinweisschilder

 1 Hören und antworten

Welche Hinweisschilder sehen diese Leute? Schreiben Sie den passenden Buchstaben in jedes Kästchen.

A   **B**   **C**  **D**   **E**

F   **G**   **H**   **I**   **J**

K

Beispiel: | I |

1 ☐
2 ☐
3 ☐
4 ☐
5 ☐
6 ☐
7 ☐
8 ☐
9 ☐
10 ☐

[10 Punkte: 8/10]

Reisen statt Rasen – ein paar Tips für unterwegs

1 Lesen und antworten

> Gönnen Sie sich doch auf Ihrer Reise etwas Zeit und Ruhe – gerade auf langen Strecken und der großen Urlaubsfahrt. Mit ein wenig Planung kann aus Ihrer An- oder Abreise ein schöner und erlebnisreicher Ferientag werden. Lassen Sie Alltag, Streß und Ärger hinter sich: Starten Sie nicht direkt im Anschluß an einen vollen Arbeitstag in den Urlaub.
>
> Wer seinen Weg in den Urlaub im voraus durchdenkt und dabei vernünftige Pausen einplant, kommt ausgeruhter ans Ziel.
>
> An allen Raststätten helfen Ihnen Übersichtskarten und Informationsmaterial, die Region Ihrer Wahl näher kennenzulernen.
>
> ### Zwischenstops halten fit
>
> Nehmen Sie Rücksicht auf Ihre Gesundheit – und die der anderen: Wer öfter Sauerstoff tankt und seine müden Glieder streckt, läßt Streß und Müdigkeit keine Chance und steuert seinen Teil dazu bei, oft unnötige Unfälle zu vermeiden. Besänftigen Sie Ihren Hunger – erschlagen Sie ihn nicht gleich: Mehrere kleine Mahlzeiten halten Sie fit für die Fahrt.
>
> Ein reichhaltiges Angebot an leichter Kost, Frisches und Fruchtiges, bieten Ihnen die Autobahnraststätten an – rund um die Uhr. Also – es lohnt sich, Ihre Reise sorgfältig vorzubereiten!

Was ist hier richtig? Kreuzen Sie die passenden Kästchen an.

	Richtig	Falsch
Beispiel: Wenn man in Urlaub fährt, sollte man sich viel Zeit lassen.	X	☐
1 Man sollte immer am Freitag fahren.	☐	☐
2 Es macht nichts, wenn man direkt nach der Arbeit in Urlaub fährt.	☐	☐
3 Es ist eine gute Idee, die Anfahrt zum Urlaubsziel im voraus zu planen.	☐	☐
4 Man kann nützliche Informationen für Touristen nur in Fremdenverkehrsämtern bekommen.	☐	☐
5 Man denkt auch an andere Reisende, wenn man zwischendurch eine Pause macht.	☐	☐
6 Wenn man eine Pause macht, sollte man sich ein bißchen an der frischen Luft bewegen.	☐	☐
7 Falls man Hunger hat, sollte man so viel essen wie möglich.	☐	☐
8 Die Autobahnraststätten sind 24 Stunden pro Tag geöffnet.	☐	☐

[8 Punkte: 6/8]

Reduzierung der Kartenflut: BahnCard mit Zahlungsfunktion

 ## 1 Lesen und antworten

Lesen Sie den Artikel.

Die Zahl der Karten, die ein „normaler" Deutscher zum Leben braucht, wird ständig größer: Krankenversichertenkarte, Scheckkarte, Medicard, Bankkarte, Parkkarte, Kontokarte, Telefonkarte, Kreditkarte, BahnCard...

Zumindest was die letzten drei angeht, zeichnet sich eine Reduzierung der Kartenflut ab. Denn die mittlerweile von mehr als drei Millionen Bundesbürgern genutzte BahnCard (Jahresgebühr 220 Mark), deren Besitzer ein Jahr lang Bahn-

Fahrkarten zum halben Preis bekommen, erhält ab 1. Juli zusätzliche Funktionen.

Ohne Mehrpreis gibt's sie dann als DB/Citibank Visa BahnCard, die über die Möglichkeit des preiswerten Fahrkartenkaufs hinaus als internationale Telefonkarte sowie als Kreditkarte eingesetzt werden kann. Das schafft nicht nur Platz in Börse oder Brieftasche, sondern erweist sich auch als benutzerfreundliche und überdies kostengünstige Lösung.

Was ist richtig: **a**, **b**, oder **c**? Schreiben Sie den richtigen Buchstaben in jedes Kästchen.

Beispiel:
a Ohne mindestens 10 Karten kann man gar nicht leben.
b Im täglichen Leben bekommt man immer mehr Karten.
c Man ist nicht normal, wenn man nicht sehr viele Karten hat.

$\boxed{b}$

Frage 1
a In diesem Artikel handelt es sich um eine Verringerung der Zahl der Karten.
b In Zukunft wird es nur noch drei Karten geben.
c Laut diesem Artikel wird die Zahl der Karten unbedingt steigen.

$\square$

Frage 2
a Die BahnCard kostet die Bundesbürger ungefähr drei Millionen Mark im Jahr.
b Die BahnCard kostet die Bundesbahn ungefähr drei Millionen Mark im Jahr.
c Die BahnCard kostet 220 Mark im Jahr.

$\square$

Frage 3
a Mit der BahnCard darf man umsonst mit dem Zug fahren.
b Mit der BahnCard darf man erst ab dem ersten Juli zum halben Preis mit dem Zug fahren.
c Mit der BahnCard braucht man für eine Zugfahrt zwölf Monate lang immer nur die Hälfte des normalen Preises zu zahlen.

$\square$

Frage 4

a Die DB/Citibank Visa BahnCard kostet mehr als die bisherige BahnCard.

b Die DB/Citibank Visa BahnCard kostet genauso viel wie die bisherige BahnCard.

c Die DB/Citibank Visa BahnCard kostet weniger als die bisherige BahnCard.

Frage 5

a Mit der neuen Karte kann man Fahrkahrten zum normalen Preis kaufen und bezahlen. Außerdem kann man Telefongespräche führen.

b Mit der neuen Karte kann man ermäßigte Fahrkahrten kaufen und bezahlen. Außerdem kann man Telefongespräche führen.

c Mit der neuen Karte kann man nur Fahrkarten und Telefonrechnungen bezahlen.

Frage 6

a Die DB/Citibank Visa BahnCard ist besonders nützlich, weil sie drei Karten ersetzt.

b Die DB/Citibank Visa BahnCard ist besonders nützlich, weil sie kleiner als andere Karten ist.

c Die DB/Citibank Visa BahnCard ist besonders nützlich, weil sie sehr schön aussieht.

Frage 7

a Die Benutzer wissen noch nichts von der DB/Citibank Visa BahnCard.

b Es wird ziemlich schwer sein, sich an die DB/Citibank Visa BahnCard zu gewöhnen.

c Es wird einfach sein, die DB/Citibank Visa BahnCard zu benutzen.

[7 Punkte: 5/7]

 ## 2 Sprechen: Rollenspiel

Partner/in A	Partner/in B
■ hat gehört, daß es eine neue BahnCard gibt, weiß aber nicht sehr viel darüber. ■ meint, daß es schon viel zu viele Karten gibt. ■ ist prinzipiell gegen Kreditkarten, weil sie schnell zu Schulden führen können.	■ ist schon über die neue BahnCard informiert und findet die Idee sehr gut. ■ hat eine Brieftasche, die voll mit verschiedenen Karten ist. ■ meint, daß Karten das Leben einfacher machen.

Jede/r Partner/in versucht, den anderen/die andere zu überzeugen, daß seine/ihre Meinung die richtige ist.

Nach England – und zurück

1 Lesen und antworten

Lesen Sie den Brief und schreiben Sie die Sätze auf.

Für jeden Satz haben Sie drei Versionen. Wählen Sie jedesmal die richtige Version und schreiben Sie den richtigen Buchstaben in jedes Kästchen.

Liebe Karen!

Viele Grüße aus Berlin. Wir freuen uns sehr auf unseren Aufenthalt bei Euch in Woodthorpe.

Hier einige Einzelheiten. Wir haben endlich unseren Flug buchen können: wir fliegen vom Flughafen Tegel hier in Berlin nach London Heathrow (nach Birmingham geht es leider nicht). Wir kommen um 17.15 Uhr an. Wir fahren mit der U-Bahn zum St. Pancras Bahnhof und hoffen, gegen Mitternacht bei Euch zu sein. Wir werden vom Bahnhof aus anrufen. Also, könntet Ihr uns wie geplant vom Bahnhof abholen?

Wir bringen für Stephen ein paar Flaschen Zwetschgenwasser mit und natürlich die Schokolade, die Du so gern gegessen hast, als Du bei uns warst. Solomon (er ist übrigens letzte Woche schon 10 Jahre alt geworden) freut sich sehr auf den Besuch. Er hat eine Bitte: er würde sehr gern nach Halifax fahren, um sich das Eurekamuseum anzuschauen. Rainer und ich würden auch ganz gerne noch einmal nach York fahren. Wäre das möglich?

Ich rufe noch einmal an, bevor wir abfahren.

Bis bald,

Deine Marga

Beispiel:

Marga kommt
a *mit dem Flugzeug und mit dem Zug*
b *mit dem Flugzeug und mit dem Bus*
c *mit dem Auto.*

$\boxed{a}$

1 Sie kommt
  a am Nachmittag
  b in der Nacht   in Großbritannien an.
  c am Morgen

$\boxed{}$

2 Sie will
  a mit dem Taxi
  b mit dem Bus   vom Bahnhof zu Karens Haus fahren.
  c mit dem Auto

$\boxed{}$

3 Sie bringt
  a Geschenke
  b einen Hund   mit.
  c das Abendessen

4 Solomon ist
  a Margas Sohn
  b Margas Mann
  c Karens Mann.

5 Marga kommt
  a zum ersten Mal
  b nicht zum ersten Mal   nach Großbritannien.
  c zum sechsten Mal

[5 Punkte: 5/5]

2 Hören und antworten

Sonja war ein paar Tage in England. Sie spricht über ihre Rückreise nach Deutschland. Hören Sie sich die Kassette an.

Falsch oder richtig?

		F/R
1	Sie ist am Nachmittag von Sheffield abgefahren.	
2	Sie ist auf der Autobahn nach London gefahren.	
3	Sie ist ein paar Tage in London geblieben.	
4	Sie ist mit dem Zug an die Südküste gefahren.	
5	Sie ist mit dem Schiff nach Frankreich gefahren.	
6	Sie hat die Reise uninteressant gefunden.	
7	Sie hat während der Fahrt eine Zeitung gelesen.	
8	Sie ist über Frankreich und Belgien nach Deutschland gefahren.	
9	Sie ist um 3 Uhr morgens angekommen.	

[9 Punkte: 7/9]

In 31 Stunden rund um die Welt

1 Lesen und antworten

> **New York/Paris.** Eine Concorde der
> französischen Fluglinie Air France hat die
> Erde in der Weltrekordzeit von 31 Stunden,
> 27 Minuten und 49 Sekunden umrundet.
> Nach einer Flugstrecke von 40 388
> Kilometern und sechs Zwischenstationen
> (Toulouse, Dubai, Bangkok, Guam,
> Honolulu und Acapulco) landete der
> Überschall-Jet am Mittwochabend
> (Ortszeit) mit 80 Fluggästen wieder in
> New York. Die Concorde übertraf sich
> selbst: 1992 war das Überschallflugzeug in
> entgegengesetzter Richtung in 32 Stunden,
> 49 Minuten und drei Sekunden um den
> Erdball gedüst. Mit „Mach 2", doppelter
> Schallgeschwindigkeit, ließen sich gestern
> zahlende Passagiere für umgerechnet
> 35 000 Mark um den Globus fliegen.
> Die Fluggäste teilten sich dabei fünf
> Kilogramm Kaviar, 108 Champagner- und
> 300 Bierflaschen sowie 100 Liter
> Mineralwasser.

Listed below are some numbers and names which appear in the article.
Explain briefly *in English* what each refers to.

a 31 hours, 27 minutes, 49 seconds

....

b 40,388 km

....

c Toulouse, Dubai, Bangkok, Guam, Honolulu, Acapulco

....

d New York

....

e 80

....

f 1992

....

g 32 hours, 49 minutes, 3 seconds

....

h 35,000 DM

....

i 5 kg

....

j 108, 300

....

[10 Punkte: 7/10]

2 Lesen und antworten

Bringen Sie die Sätze in die richtige Reihenfolge, so daß sie den Sinn des Artikels wiedergeben.

A Unterwegs mußte das Flugzeug sechsmal landen. ☐

B Die Fluggäste aßen und tranken viel. ☐

C Der Flug begann und endete in den USA. ☐

D Das Flugzeug gehört einer französischen Fluggesellschaft. 1

(Beispiel)

E Das Flugzeug brauchte diesmal mehr als eine Stunde weniger als beim letzten Rekordflug. ☐

F Das Flugzeug fliegt zweimal schneller als die Schallgeschwindigkeit. ☐

G Die Passagiere mußten viel Geld für den Flug bezahlen. ☐

H Achtzig Passagiere waren an Bord. ☐

I Das Flugzeug startete an einem Dienstag. ☐

J Die Concorde hat einen neuen Weltrekord aufgestellt. ☐

K Diesmal flog die Concorde in der anderen Richtung um die Welt. ☐

[10 Punkte: 7/10]

3 Sprechen: Rollenspiel

Stellen Sie sich vor, Sie waren unter den 80 Fluggästen bei dem Rekordflug der Concorde.

Ein deutscher Reporter macht ein Interview mit Ihnen. Hören Sie der Kassette zu und beantworten Sie seine Fragen.

4 Schreiben

Schreiben Sie einen Brief an einen deutschen Freund/eine deutsche Freundin, in dem Sie den Flug beschreiben (80–100 Worte).

Erwähnen Sie folgende Punkte:

■ Warum Sie mitfliegen wollten
■ Was Sie während des Flugs gemacht haben
■ Ihre Gefühle vor und nach dem Flug.

Ab in die große weite Welt!

1 Lesen und antworten

Sehen Sie sich die Anzeigen an. Welche Überschriften fehlen?

A

Europas einzige Zeitschrift nur fürs tolle Wandern!
Gratisinfo: Wandermagazin
Theaterplatz 28 - 53177 Bonn/180
Tel 0228/361259 + Fax 0228/353207

B

Wochenend-
und Ferienkurse,
Tandemspringen...
Aero-Fallschirm-Sport GmbH
Tel. 0 56 74 - 9 99 30
Fax 0 56 74 - 99 93 33
34379 Calden
Flugplatz 8

C

und
wohnen in der Hildesheimer DJH
Klasse 3   12 Tage
Klasse 1a (Krad)   6 Tage
Klasse 2   12 Tage
Ferienfahrschule KEMPFER
Telefon 05064/1226 ab 20.30–22 Uhr

D

weltweit & naturnah
China **Vietnam**
SÜDLICHES **AFRIKA**
Transsib!
Lernidee Reisen, Berlin
(030) 786 50 56, Fax 786 55 96

E

Amateurfunklizenz – Der Führerschein für
freie Fahrt im Äther und weltweite Funkver-
bindungen. Unser staatl. geprüfter Fernlehr-
gang bringt Sie sicher zum Ziel. Anerkannt
und erfolgreich seit 35 Jahren.
FERNSCHULE WEBER – Abt.23
Postfach 21 61   Tel. 0 44 87 / 2 63
26192 Großenkneten   Fax 0 44 87 / 2 64

G

**für Jugendgruppen,
Wanderer, Frischluftfans**

z. B. **Schlafsäcke**, Ruck-
säcke, **Lampen**, Propan-
Großkocher, **Töpfe**, Seile,
Schlauchboote, Rettungs-
westen, **Kanus** und, und,
und ... mehr als 20.000
Freizeitartikel.

PIEPER-DISCOUNT
Sandstr. 12-18, 45964 Gladbeck
(70 freundliche Mitarbeiter)

F

Prospekte anfordern bei African Bikers
Danziger Str.6 63128 Dietzenbach
Telefon/Telefax Nr.: 06074/32278

Beispiel: Führerschein im Urlaub   `C`

1 4 000 m² Freizeitzubehör   ☐

2 Rad + Wanderreisen in Südafrika   ☐

3 Neu! Wandern   ☐

4 Deutschlands Fallschirm-Sprungschule No. 1   ☐

5 Gratis Amateur Funk Info-Mappe   ☐

6 1a–Studienreisen   ☐

[6 Punkte: **4/6]**

2 Hören und antworten

Welche Anzeige ist für jede der folgenden Personen am interessantesten? Hören Sie sich die Kassette an und tragen Sie die passenden Buchstaben in die Tabelle ein.

Beispiel:	*Peter*	*D*
1	Gerda	
2	Manuela	
3	Gabi	
4	Heinz	

[4 Punkte: 3/4]

3 Hören und antworten

Der automatische Anrufbeantworter
Sehen Sie sich die Anzeigen noch einmal an.

Hören Sie der Kassette zu. Sind die Telefonnummern richtig oder falsch?

	Firma	**Richtig/ Falsch?**
1	Wandermagazin	
2	Aero-Fallschirm-Sport GmbH	
3	Ferienfahrschule Kempfer	
4	Lernidee Reisen	
5	Fernschule Weber	
6	African Bikers	

[6 Punkte: 5/6]

4 Schreiben

Sehen Sie sich die Anzeigen noch einmal an. Stellen Sie sich vor, Sie wollen im kommenden Sommer einen Aktivurlaub machen und haben schon eine Reise gebucht.

Schreiben Sie einen Brief an Ihren österreichischen Freund/Ihre österreichische Freundin (80–100 Worte).

Erklären Sie ihm/ihr:

- wo Sie hinfahren werden
- warum Sie dort hinfahren wollen
- wann, wie und mit wem Sie fahren
- ob Sie irgendwelche Probleme erwarten
- wie Sie sich auf die Reise vorbereiten werden.

Aktiv Reisen

1 Lesen und antworten

Lesen Sie drei Urlaubsbeschreibungen.

A

VARIATIONEN
ENTLANG DER DONAU

**Der Donau-Höhenweg
Wandertour mit Gepäckbeförderung**

7 Tage, Anreise samstags vom 29.4.–21.10.
Bahnfahrt 2. Kl. ab gebuchtem Zusteigebahnhof
inkl. Zuschlägen und Platzkarten. 6
Übernachtungen/HP im Doppelzimmer mit Bad o.
Dusche/WC. Schiffstour Passau-Obernzell.
Sonderleistungen gemäß Programm.

Doppelzimmer   p.P. ab DM **819,-**

B

VIELFALT UND KULTUR
AM BODENSEE

Der Radler – Treff am Bodensee

5 Tage, Reisetermine tägl. vom 1.4.–27.10.
Hin-/Rückfahrt 2. Klasse ab gebuchtem
Zusteigebahnhof inkl. Zuschlägen und
Platzkarten. 4 Übernachtungen/HP im
Doppelzimmer mit Bad o. Dusche/WC, TV,
Minibar, Radio. 4 Tage Mietrad und Tourenkarte.

Doppelzimmer   p.P. ab DM **825,-**

C

ABENTEUER
TIROL

**Mit der Bahn zur Tiroler Abenteuer
Rafting-Safari**

3 Tage, jeweils donnerstags bis sonntags vom
4.5.–8.10. Hin- und Rückfahrt 2. Klasse ab
gebuchtem Zusteigebahnhof inklusive Zuschlägen
und Platzkarten. 3 Übernachtungen mit Frühstück
in Gasthöfen oder Pensionen im Zimmer mit
Dusche/WC. Diverse Verpflegungsleistungen,
Ausrüstung und Bootsführer.

Doppelzimmer   p.P. ab DM **769,-**

Auf welchen Urlaub/welche Urlaube treffen die folgenden Beschreibungen zu? (Schreiben Sie A und/oder B und/oder C.)

Beispiel: Der Urlaub dauert keine ganze Woche. `B, C`

1 Man kann nur am Wochenende anreisen.
2 Man kann erst ab Mai mitfahren.
3 Man bekommt reservierte Plätze im Zug.
4 Man verbringt einen Teil des Urlaubs auf dem Wasser.
5 Man kann an jedem Tag der Woche anfangen.
6 Es gibt keine Wahl zwischen Bad und Dusche.
7 Man bekommt ein Zimmer mit elektronischer Unterhaltung.
8 Man bekommt die nötige Ausrüstung.

[8 Punkte: 6/8]

2 Sprechen: Rollenspiel 1

Sie wollen eine Wandertour auf dem Donau-Höhenweg machen und gehen ins Reisebüro. Hören Sie der Kassette zu und beantworten Sie die Fragen. Benutzen Sie dabei die folgenden Informationen:

 ## 3 Sprechen: Rollenspiel 2

Sie möchten im Juli mit einigen Freunden und Freundinnen am Radler-Treff am Bodensee teilnehmen.

Überlegen Sie sich, wann Sie fahren wollen, von wo Sie fahren wollen und was für eine Unterkunft Sie haben wollen. Sie können sich nicht mehr als DM 850 pro Person leisten.

Beantworten Sie dann die Fragen, die Sie auf der Kassette hören.

 ## 4 Schreiben

Sie nehmen ENTWEDER an der Wandertour ODER am Radler-Treff ODER an der Rafting-Safari teil.

Schreiben Sie eine Postkarte (30–40 Worte) an Ihre Freundin Silke.

Erzählen Sie ihr

- was Sie machen
- wo Sie es machen
- wie es Ihnen geht und warum.

Wochenende in London

1 Lesen und antworten

Lesen Sie den Text und beantworten Sie die Fragen.

Nadja: „Mit zwei Freunden fuhr ich übers Wochenende nach London. Der Doppeldeckerbus war voller Jugendliche und die Fahrt eigentlich o.k. – bloß auf dem Hinweg gab's Streß mit ein paar Typen, die ganz schön angeheitert waren. Der Busfahrer ging fast an die Decke. Zum Glück war der Reiseleiter gut drauf: Er überredete die Jungs, mit dem Trinken aufzuhören, und dann war Ruhe.

Aber ich schlief sowieso fast die ganze Zeit. Früh morgens waren wir an der Fähre in Calais. Das Schiff war riesig und hypermodern. Wir liefen herum und stöberten im Duty-Free-Shop.

Auf der Busfahrt von Dover nach London bekamen wir noch ein paar Infos – mit Treffpunkten für gemeinsame Aktionen, Tips, wo es sich lohnt hinzugehen, einem Stadtplan und der Adresse und Telefonnummer des Reiseleiters, der nicht mit uns im gleichen Hotel wohnte. Um ein bißchen von London zu sehen, machten fast alle gleich nach der Ankunft die dreistündige Sightseeing-Tour mit.

Danach zogen wir drei nur noch getrennt von der Gruppe los. Abends waren wir im Pub, und eigentlich wollten wir noch in die Disco – bloß wir waren vom Rumlaufen zu müde. Und am nächsten Tag ging es schon nachmittags wieder nach Hause. Aber ich war bestimmt nicht das letzte Mal in London."

Falsch oder richtig?

	F/R
1 Nadja ist mit dem Bus und mit dem Schiff nach England gefahren.	
2 Auf dem Schiff gab es Probleme mit betrunkenen Jungen.	
3 Auf dem Schiff hat Nadja die ganze Zeit geschlafen.	
4 Auf dem Hinweg hat sie Informationen über Sehenswürdigkeiten bekommen.	
5 Der Gruppenleiter hat im gleichen Hotel wie Nadja gewohnt.	
6 Drei Stunden nach ihrer Ankunft in London hat Nadja eine Stadtrundfahrt gemacht.	
7 Sie ist mit zwei Freunden herumgelaufen.	
8 Am Abend ist sie in die Disco gegangen.	

[8 Punkte: **6/8]**

2 Schreiben

Sie waren in Urlaub in Deutschland und Sie haben einen Tagesausflug gemacht. Sie haben eine Gruppenreise mit dem Bus gemacht.

Schreiben Sie einen Artikel für eine Schülerzeitung und erzählen Sie davon (100–150 Worte).

- Wohin?
- Mit wem?
- Was gesehen?
- Was für eine Reise?
- Bequem?
- Wetter?
- Langweilig?

 ## 3 Sprechen

Sie haben eine Reise gemacht.

Sehen Sie sich die Bilder an und erzählen Sie davon (100–150 Worte).

Berlin-Touristen-Information

1 Lesen und antworten

These extracts are taken from publicity material for tourists who are planning to visit Berlin.

Read them carefully and answer the questions in English.

UNSER AKTUELLES PROGRAMMANGEBOT

Stadtrundfahrt (Dauer ca. 3 Std.). Für den ersten Tag Ihres Aufenthaltes in Berlin empfehlen wir eine Stadtrundfahrt, für die Sie ca. 3 Stunden einplanen sollten. Die Stadtrundfahrt gibt Ihnen einen Gesamtüberblick und setzt thematische Akzente aus Geschichte, Kultur, Architektur und Politik. Einen erfahrenen und kenntnisreichen Stadtführer vermitteln wir Ihnen gerne.

Stadtrundgänge. Natürlich können Sie Berlin nicht nur im Reisebus kennenlernen, sondern auch auf einem Spaziergang oder per Fahrrad. Aus den vielen Möglichkeiten hier nur einige Anregungen; Jüdisches Leben in Berlin, Berlin unter dem Hakenkreuz, Entlang der Mauer, Das historische Berlin. Besonders interessant sind auch das multi-kulturelle Kreuzberg oder eine ökologische Führung mit Rundgang durch Werkstätten und Besichtigung von Solaranlegen.

Das Reichstagsgebäude und der Deutsche Bundestag (1 Std.). Im „Haus der Kulturen der Welt" können Sie sich mit Filmen und Vorträgen zur Geschichte des Reichstagsgebäudes und des Deutschen Bundestages informieren.

Haus der Wannseekonferenz. Hier hat man über die organisatorische Durchführung der „Endlösung der Judenfrage" beraten. Neben der ständigen Ausstellung „Die Wannseekonferenz und der Völkermord an den europäischen Juden" bietet das Haus die Möglichkeit, Themen aus der Geschichte des Nationalsozialismus und der jüdischen Geschichte zu bearbeiten und zu diskutieren.

Haus am Checkpoint Charlie. Der Checkpoint Charlie war der Grenzübergang zwischen dem kommunistischen Osten und freien Westen. 1961 kam es hier zu einer direkten Konfrontation zwischen den USA und der Sowjetunion. Das „Haus am Checkpoint Charlie" bietet eine beeindruckende Dokumentation der deutsch-deutschen Geschichte in einer Ausstellung über die Mauer und die verschiedenen Fluchmethoden.

Berlin im 3. Jahrtausend. „Info Box" – Potsdamer Platz. Mitten auf der größten Baustelle Europas bietet diese multimediale Ausstellung einen Blick in die Zukunft Berlins. In ca. einer Stunde können Sie eine Vorstellung von den städtebaulichen Plänen des vereinigten Berlins gewinnen.

Berlin: Kulturhauptstadt. Berlin kann stolz auf seine Kulturlandschaft sein. Wir buchen nicht nur Ihre Theater- oder Konzertkarten, sondern machen Ihnen auch individuelle Vorschläge.

Graffiti Art Gallery. Graffiti-Spray-Aktion mit Sprayern aus der Szene. Nach einem 60-minütigen Diavortrag haben Sie Gelegenheit, die Spraydose selbst in die Hand zu nehmen. Im Anschluß können Sie in der Graffiti Art Gallery einen Milchkaffee trinken und im Gespräch mit Jugendlichen aus der Hip-Hop-Szene den weiteren Verlauf des Tages planen. In unmittelbarer Nähe befinden sich die Jüdische Synagoge, das Bertolt-Brecht-Helene-Weigel-Museum, der Dorotheenstädtische Friedhof, das Künstlerhaus Tacheles und und und. . .

---

1 What is recommended for the first day of your visit? [1]

....

2 How is the guide described? [2]

....

3 What two methods are useful for getting to know Berlin, apart from touring in a coach? [2]

....

4 What is the theme of the exhibition at the 'Haus der Wannseekonferenz'? [1]

....

5 What happened in 1961 at Checkpoint Charlie? [1]

....

6 What is to be seen in the 'Haus am Checkpoint Charlie' nowadays? [2]

....

7 How is Potsdamer Platz described? [1]

....

8 Which of these statements is correct?

At the Graffiti Art Gallery:

a Visitors can use spray cans for up to 60 minutes

b There are 60 items on display

c There is a remarkable picture of a coffee pot

d Visitors watch a 60-minute slide show. [1]

9 Which of these statements is **not** correct?

a The Jewish Synagogue is near the Graffiti Art Gallery

b You can buy coffee at the Graffiti Art Gallery

c The Graffiti Art Gallery will only appeal to young people

d You can try your hand at 'graffiti art' there. [1]

[12 Punkte: 9/12]

Preiswert durch Europas Hauptstädte

1 Lesen und antworten

Viele Reiseveranstalter bieten Städtereisen an, die konkurrenzlos billig sind. Doch die Tour durch die Metropolen ist dann nicht so günstig. Allein für Eintrittspreise und U-Bahnfahrten muß man in die Tasche greifen. Hier lohnt es sich, die umfangreichen Gratis- und Rabattangebote einiger europäischer Städte genauer anzusehen.

Manche verkaufen für wenig Geld Touristenpässe, mit denen man kostenlos öffentliche Verkehrsmittel benutzen oder Museen besuchen kann. Einige Städte bieten noch mehr: Mit Gutscheinen und Bonusheften erhält man Rabatt in Restaurants und Geschäften oder man kann günstig Tagesausflüge in die Umgebung der Großstadt machen. Ein Beispiel: In der London Visitor Travelcard für 81 DM sind für sieben Tage alle städtischen Busse, die U-Bahn und Fahrten mit dem Zug durch den Großraum London kostenfrei. Zusätzlich erhält man Rabatt in Museen, bei Stadtrundfahrten und in diversen Restaurants und Geschäften.

Karten und Pässe sind überall in Touristikbüros erhältlich. Noch mehr Informationen und eine Übersicht über die Angebote bietet die Stiftung Warentest in ihrer Zeitschrift „Finanztest" an. Das Heft kann man zum Preis von 8 DM bekommen über die Stiftung Warentest, Lützowplatz 11–13, 10785 Berlin.

Lesen Sie den Text.

Welche von diesen Meinungen oder Informationen finden Sie im Text und welche finden Sie nicht? Schreiben Sie jedesmal „ja" oder „nein".

Beispiel: Die billigsten Reisen sind oft nicht die preiswertesten. **Ja**

		Ja/Nein
1	Eintrittspreise sind im Preis einer U-Bahnkarte inbegriffen.	
2	Es ist gut, kostenlose Angebote auszusuchen.	
3	In vielen europäischen Städten kann man billige Touristenpässe kaufen.	
4	Der Eintrittspreis eines Museums ist oft im Preis eines Touristenpasses inbegriffen.	
5	Mit einem Touristenpaß kann man manchmal kostenlos in Restaurants essen.	
6	Mit einer London Visitor Travelcard kann man Busse, U-Bahn und Züge benutzen.	
7	Man bekommt Touristenpässe im Informationsbüro.	
8	Weitere Informationen bekommt man vom Finanzamt.	

[8 Punkte: 6/8]

Tips für schöne Ferien

1 Lesen und antworten

• Mal kurz zuhause anrufen?

Belgien: 0032
Bulgarien: 00359
Dänemark: 0045
Finnland: 00358
Frankreich: 0033
Griechenland: 0030
Großbritannien und
Nordirland: 0044
Irland: 00353
Italien: 0039
Japan: 0081
Jugoslawien: 00381
Kanada: 001
Kroatien: 00385
Liechtenstein: 004175
Luxemburg: 00352

Niederlande: 0031
Norwegen: 0047
Österreich: 0043
Polen: 0048
Portugal: 00351
Rumänien: 0040
Rußland: 007
Schweden: 0046
Schweiz: 0041
Slowenien: 00386
Spanien: 0034
Tschechische
Republik und
Slowakei: 0042
Türkei: 0090
USA: 001

• Bei der Deutschen Bundespost gibt es Telefonkarten, mit denen man an vielen öffentlichen Fernsprechern bargeldlos telefonieren kann. Wenn man eine „große" Telefonkarte benutzt, spart man Geld: die Einheit kostet nur 0,25 DM.

• Geld und die wichtigsten Reiseunterlagen verdeckt am Körper aufbewahren (Brustbeutel, Gürtel mit Innentasche). Immer nur kleine Beträge in die Geldbörse!

• Bei längerem Aufenthalt in der Jugendherberge können Wertsachen zum Verschluß in den Tresor bei den Herbergseltern gegeben werden.

• Eine schrille Trillerpfeife ruft in Notfällen Hilfe herbei.

• Keine Gefälligkeitstransporte für Fremde übernehmen, es könnte sich um Verbotenes, z.B. Drogen, handeln.

• Vorsicht! Dealer suchen Kunden! Lebensgefährlich wird das Mitmachen, wenn Spritzen und Nadeln gemeinsam benutzt werden – auf diesem Weg wird u.a. AIDS übertragen. Nein zu Drogen ist der beste Schutz!

• Schöne Ferien und gute Reise!

Lesen Sie den Text und beantworten Sie die Fragen auf deutsch.

1 Wann braucht man die Nummer 0044?

....

2 Wo bekommt man Telefonkarten?

....

3 Was sollte man mit wichtigen Dokumenten machen?

....

4 Wohin kommen wertvolle Sachen, wenn man in einer Jugendherberge wohnt?

....

5 Warum sollte man eine Trillerpfeife bei sich tragen?

....

6 Warum könnte es gefährlich sein, Päckchen für andere Leute zu übernehmen?

....

7 Was ist richtig? Schreiben Sie a, b, c oder d.

    a Dealer teilen Spritzen und Nadeln mit jungen Freunden.
    b Drogendealer suchen junge Ausländer als Kunden.
    c Fremde Fahrer benutzen Spritzen und Nadeln.
    d Unerfahrene Fremde sind häufig in Lebensgefahr.

[7 Punkte: 5/7]

Am Telefon

1 Sprechen: Rollenspiel

Your friend Gabi is coming from Germany to visit you. She rings up to enquire about the arrangements. Listen to the tape and answer her questions using the prompts given below.

1 Beantworten Sie die Fráge.
2 1½ Stunden.
3 Beantworten Sie die Frage.
4 Sagen Sie, was für Ausflüge Sie geplant haben.
5 Beantworten Sie die Frage.

Busradeln

1 Lesen und antworten

Lesen Sie den Text.

Was ist richtig? Schreiben Sie 'a', 'b', 'c' oder 'd' in jedes Kästchen.

1 **a** Man fährt mit dem Bus und mit dem Zug.
    b Man fährt mit dem Bus und mit dem Rad.
    c Man fährt mit dem Zug und mit dem Auto.
    d Man geht zu Fuß und fährt mit dem Rad.

2 **a** Die Landschaft ist romantisch.
    b Die Hotels sind romantisch.
    c Die Busfahrer sind romantisch.
    d Die Radfahrer sind romantisch.

3 **a** Busse fahren jeden Tag von Frankfurt und München ab.
    b Busse fahren nur samstags von Frankfurt und München ab.
    c Die Fahrten beginnen und enden in Frankfurt und München.
    d Die Fahrten ab München kosten mehr als die Fahrten ab Frankfurt.

4 **a** Von Erhard Zieger kann man Broschüren bekommen.
    b Von Erhard Zieger kann man Fahrkarten bekommen.
    c Von Erhard Zieger kann man Ansichtskarten kaufen.
    d Von Erhard Zieger kann man Fahrräder mieten.

[4 Punkte:  4/4]

 2 Lesen, hören und sprechen: Rollenspiel

A friend phones you up to find out more about a holiday you have suggested. Look at the information about 'busradeln' again, then listen to the tape and answer the questions you hear.

BahnCard

1 Lesen und antworten

Answer in English:

1 For how long are the cards valid?

.... [1]

2 What is the difference between the two cards?

.... [2]

3 How much do you save by using one of these cards?

.... [1]

[4 Punkte: 🎯 **3/4]**

Wie fährt man am liebsten?

 ## 1 Hören und antworten

Hören Sie sich die Kassette an.

Diese Leute sagen, wie sie am liebsten fahren und warum.

Füllen Sie die Tabelle aus.

	Name	Wie?	Warum?
Beispiel:	Gerd	*mit dem Rad*	*gesund und umweltfreundlich*
1	Birgit		
2	Paul		
3	Gitti		
4	Dörte		
5	Boris		

Benutzen Sie diese Worte:

Wie?	**Warum?**
mit dem Auto	kann lesen und Musik hören
mit dem Motorrrad	fährt mit Freundin zusammen
mit dem Zug	warm in Winter
mit dem Taxi	wohnt nicht weit vom Arbeitsplatz
zu Fuß	hat Angst vor Autos
mit dem Bus	hat es immer eilig
	bei einem Unfall verletzt
	Haltestelle in der Nähe vom Arbeitsplatz
	schnell, macht Spaß
	ist sehr preiswert

[10 Punkte: 8/10]

Groner Kirmeslauf

1 Hören und antworten

Hören Sie sich den Werbespot an. Sind die Sätze richtig oder falsch? Verbessern Sie die falschen Sätze.

R/F

Beispiel:

Der Kirmeslauf beginnt um 14.30. | F |

.................13.30...

1 Der Kirmeslauf ist ein Straßenlauf.   ☐

....

2 Der Kirmeslauf ist nur für junge Leute.   ☐

....

3 Es wird nur wenige Zuschauer geben.   ☐

....

4 Man kann 1600m, 2800m oder 5200m laufen.   ☐

....

5 Man muß sich mindestens 15 Minuten vor dem Lauf anmelden.   ☐

....

6 Die Sieger bekommen ihre Preise im Rathaus.   ☐

....

[10 Punkte: 🎯 7/10]

2 Schreiben

Füllen Sie das Anmeldeformular passend aus.

Beachten Sie: wichtige Information!

Startgelder:	
Schüler und Schülerinnen bis 14 Jahre	3 DM
Schüler und Schülerinnen von 14–18 Jahre	5 DM
Erwachsene	7 DM

ANMELDUNG
zum 2.GRONER KIRMESLAUF
am 3.September

(Bitte deutlich in Druckbuchstaben schreiben.)

Familienname:.. Vorname: ....

Straße und Hausnummer:...

Postleitzahl:.. Ort: ....

weibl.:............................ männl.: .... Geburtsjahr   Startgeld:

19............................... DM ....

Strecke (bitte ankreuzen)

    1600m: .... 2800m: .... 5200m:.........................

(Wird v. Veranstalter eingetragen)

START-NUMMER: Datum:..

Unterschrift: ....

Sonstige Hinweise:

Die Teilnahme an der Veranstaltung erfolgt auf eigene Gefahr. Der Veranstalter übernimmt keine Haftung für Unfälle, verlorengegangene Gegenstände, Diebstähle und sonstige Schäden aller Art.

 3 Sprechen: Rollenspiel

Sie haben Ihre Anmeldung für den Kirmeslauf eingeschickt, haben aber keine Startnummer erhalten. Der Veranstalter des Kirmeslaufs kann die Anmeldung nicht finden und will schnell die wichtigsten Details überprüfen.

Sehen Sie sich Ihre Kopie des Formulars an und beantworten Sie die Fragen, die Sie auf Kassette hören.

Paralympics

 1 Hören und antworten

Hören Sie sich das Interview an. Füllen Sie die Liste aus.

Zahl der erwarteten Nationen   100   *(Beispiel)*

Zahl der Sportarten ☐

Zahl der Wettkampftage ☐

Größe der paralympischen Familie – Athleten ☐

– Trainer und Betreuer ☐

– Offizielle ☐

– Freiwillige ☐

Entfernung des Olympiastadions vom paralympischen Dorf ☐

Zuschauerzahl im Olympiastadion ☐

Zahl der deutschen Leichtathleten bei
den paralympischen Spielen in Atlanta ☐

[9 Punkte: 🎯 **6/9]**

Katja Seizinger – Skifahrerin

 1 Lesen und antworten

Lesen Sie diesen Artikel über Katja Seizinger:

KATJA SEIZINGER

Die Topläuferin des deutschen Skiverbandes wurde am 10. Mai 1972 in Datteln im Rheinland geboren; heute lebt sie mit ihren Eltern im hessischen Eberbach und in Garmisch-Partenkirchen. Ihre Erfolge: Olympiasiegerin in der Abfahrt 1994, Olympia-Bronze im Super G und Abfahrtsvierte 1992, Weltmeisterin im Super G und Abfahrtsvierte 1993. Sie hat 23 Weltcup-Rennen gewonnen und wurde zweimal Zweite des Gesamt-Weltcups (vergangene Saison nur um sechs Punkte hinter der Schweizerin Vreni Schneider). Vater Hans Seizinger ist Stahl-Fabrikant und managt die Sportlerin des Jahres.

Machen Sie einen Kreis um „Ja" oder „Nein". Verbessern Sie die falschen Sätze.

1 Katja Seizinger ist die beste Skifahrerin Deutschlands.	Ja	Nein
2 Sie wurde in Bayern geboren.	Ja	Nein
3 Sie hat zwei Wohnorte.	Ja	Nein
4 Sie hat insgesamt drei Medaillen bei den olympischen Spielen gewonnen.	Ja	Nein
5 Sie ist einmal Weltmeisterin geworden.	Ja	Nein
6 Letztes Jahr ist eine andere Frau Erste des Gesamt-Weltcups geworden.	Ja	Nein
7 Ihr Manager ist Priester.	Ja	Nein

[10 Punkte: 6/10]

 2 Sprechen

Lesen Sie den Artikel noch einmal durch. Machen Sie das Buch zu. Beantworten Sie die Fragen, die Sie auf der Kassette hören.

TRANSCRIPTS FOR LISTENING AND SPEAKING (ROLE-PLAY) TASKS

Das Alltagsleben

Hausaufgaben und Schule

1   **Hören und antworten**

1	**Jürgen**	Ich finde, es ist gut, es ist wichtig, daß wir außerhalb der Schule, das heißt zu Hause Aufgaben machen. Ich meine, Übungen, Vorbereitung, Bücher, Artikel lesen, Aufsätze schreiben – das kann nicht alles in der Klasse gemacht werden. Ich mache so ungefähr 2–3 Stunden pro Tag. Ich will gute Noten haben.
2	**Birgit**	Ich finde, wenn man auf die Universität gehen will, wenn man einen guten Beruf haben will, muß man bereit sein, fleißig zu arbeiten. Ich mache mindestens 12 Stunden pro Woche – jeden Tag anderthalb Stunden. Am Wochenende 4–5.
3	**Wolf**	Na ja, Hausaufgaben. Was geht das mich an? Das ist doch nichts für mich. Nach der Schule – am Nachmittag, am Abend – da will ich meine Freizeit haben. Hausaufgaben? Nein danke!
4	**Marga**	Ich arbeite am Wochenende in einem Supermarkt und mache meine Hausaufgaben während der Woche – Montag bis Freitag. Ich mache im Durchschnitt… äh 2–3 Stunden pro Tag. Für mich ist es wichtig, gute Noten zu bekommen, denn ich möchte Zahnärztin werden.

2   **Sprechen**

- Was ist Ihr Lieblingsfach?
- Warum?
- Was machen Sie in diesem Fach?
- Wie oft in der Woche haben Sie dieses Fach?
- Wie ist der Lehrer/die Lehrerin?
- Bekommen Sie viele Hausaufgaben?
- Welche Fächer machen Sie nicht gern?
- Warum nicht?

Unsere Partnerschule

1   **Hören und antworten**

Erika	Was mir am meisten aufgefallen ist: die Uniform. Die Jungen haben alle eine grüne Jacke und eine gestreifte Krawatte tragen müssen, und ein weißes Hemd. Die Mädchen auch – die haben einen dunklen Rock und die grün-rot gestreifte Krawatte getragen. Ich finde, die britischen Schüler und Schülerinnen sehen schick aus, aber in Deutschland tragen wir alle Jeans, Pullover, T-Shirts. Das find' ich doch sinnvoller, praktischer. Ich fand es gut, daß die Schule erst um neun Uhr begonnen hat. Da brauchen die Briten nicht so früh aufzustehen wie die Deutschen.

Klaus	Ich habe das Essen in der Schulkantine probiert. So was gibt es bei uns nur selten – diese Ganztagsschule. Aber das Essen – so, so scheußlich war das – alles nur Fett, so völlig ungesund. Fischstäbchen, Pommes Frites, Würstchen, Hot Dogs. Ich find' es gut, daß so viel für die Schüler und Schülerinnen organisiert wurde – Orchester, Sportklubs (Fußball, Hockey, Basketball), und Chor.
Rainer	Ich fand den Unterricht etwas interessanter als bei uns. Ich meine, der Stil der Lehrer. Da war mehr Gespräch, mehr Gruppenarbeit, während wir in Deutschland… man erwartet, daß wir alle einfach da sitzen und zuhören, was natürlich ganz langweilig sein kann. Was ich aber merkwürdig fand – die *Assembly* am Anfang des Tages. Der Direktor oder ein anderer Lehrer hat einen Vortrag gehalten. Ich hatte das Gefühl, daß die Schüler und Schülerinnen alle geschlafen haben. Niemand hat zugehört. Ich fand das langweilig.
Betty	Ich rauche, ja, und ich glaube, in den meisten Schulen in Deutschland gibt es eine Raucherecke, wo die 16-Jährigen ungestört rauchen können. In den britischen Schulen gibt es so was nicht. Die Lehrer, die Lehrerinnen sind streng dagegen. Aber warum? Die Raucher rauchen sowieso. Die sind in den Pausen in einen Park gegangen, um zu rauchen, was meiner Meinung nach noch schlimmer ist.

2   Sprechen: Rollenspiel

- Nun, wann beginnt die Schule?
- Assembly, was ist das? Ist das interessant?
- Was machen wir in der ersten Stunde?
- In welchem Klassenzimmer ist das?
- Wann ist die Pause?
- Was machen wir in der Pause?
- Was machen wir in der zweiten Stunde?
- Wo essen wir zu Mittag?
- Wieviel Geld muß ich mitbringen?
- Was machen wir am Nachmittag in der dritten Stunde?
- Und was machen wir nach der Pause?
- Wo sehen wir uns am Ende des Tages?

Was tut weh?

1   Hören und antworten

1	**Arzt**	Und welches Ohr tut Ihnen denn weh?
	Patient	Das linke.
	Arzt	Ja. Das ist ziemlich entzündet.
2	**Wanderer**	Dieser Rucksack ist aber schwer! Ich weiß nicht, ob meine Schultern sich jemals erholen werden!
3	**A**	Mmmmmmmm
	B	Was ist denn mit dir los?
	A	Mein Zahn. Ich glaube, ich habe ihn mir abgebrochen…
4	**Arzt**	Was fehlt Ihnen, Frau Lange?
	Frau L	Ich bin im Park in ein kleines Loch getreten und habe mir den Fuß verrenkt.

5	**Heimwerker**	AUA. Schon wieder den Daumen getroffen!!!

6	**Schiedsrichter**	Wenn Sie noch einmal so ein Foul machen, zeige ich Ihnen sofort die rote Karte.
	Fußballspieler	Aber mein Knie tut weh, nicht seins!

7	**Büroangestellter**	Hast du ein Aspirin da?
	Freundin	Wieso? Was hast du?
	Büroangestellter	Immer, wenn ich den ganzen Tag am Computer sitze, bekomme ich solche Kopfschmerzen.

8	**Kind**	Papa! Papa! Trag mich doch weiter!
	Vater	Das kann ich nicht mehr. Du bist so schwer geworden. Mein Rücken tut mir jetzt schon weh.

9	**Frau**	Kannst du bitte eine Packung Hustenbonbons für mich holen?
	Mann	Ja klar. Hast du immer noch Halsschmerzen?

10	**Gast**	Oooohh.
	Gastgeber	Was ist los? Hat es nicht geschmeckt?
	Gast	Doch. Es hat sehr gut geschmeckt. Aber ich esse immer viel zu viel, wenn ich bei euch bin. Und jetzt tut mein Bauch richtig weh!

Reiseapotheke – was nimmt man mit?

1   **Hören und antworten**

Heidi	Hast du die Reiseapotheke schon zusammengestellt?
Petra	Ich bin gerade dabei. Insektenschutzmittel, Pflaster-Set und Schmerztabletten habe ich schon. Was brauchen wir noch?
Heidi	Eine Tube Desinfektionsmittel und eine Schere vielleicht, um das Pflaster durchzuschneiden…
Petra	Gute Idee – und ein Thermometer könnte ich auch noch mit 'rein tun…
Heidi	Nein, das würde ich nicht machen, die gehen immer so leicht kaputt. Aber wir könnten noch eine Packung Watte gebrauchen. Sonst fällt mir nichts mehr ein.
Petra	Mir auch nicht… Doch! Fast hätten wir das Wichtigste vergessen.
Heidi	Was denn?
Petra	Sonnencreme!

2   **Sprechen: Rollenspiel**

Apotheker
- Guten Tag!
- Was kann ich für Sie tun?
- Aber natürlich. Was fehlt Ihnen denn?
- Haben Sie sonst irgendwelche Symptome?
- Sie haben wahrscheinlich eine Grippe. Nehmen Sie diese Tabletten und bleiben Sie ein paar Tage im Bett.
- 25 DM. Danke schön und gute Besserung.

Hier darf man nicht rauchen!

1   **Hören und antworten**

Beispiel: **Henrik**	*Zweimal nach Hetjershausen, hin und zurück bitte.*
Angestellter	*Gern, aber wissen Sie, hier darf man nicht rauchen.*

1: Frau Maunz

Frau Maunz	Ach, wie schön! Der Film hat noch gar nicht begonnen. Jetzt können wir uns entspannen.
Anderer Kinobesucher	He! Sie! Sehen Sie das Schild nicht? Hier darf nicht geraucht werden.

2: Heidrun

Heidrun	Können Sie mir sagen, wieviel Geld ich auf meinem Konto habe?
Angestellte	Ja! Sobald Sie Ihre Zigarette ausmachen.

3: Marc

Marc	Hallo? Ach, hallo Mutti! Ja, es ist sehr schön hier. Mein Schreibtisch steht direkt vor einem großen Fenster und meine neue Chefin ist sehr nett. Ich wollte gerade meine erste Kaffeepause machen und auch eine rauchen… was ist los? Oh, Entschuldigung… mein Kollege sagt, daß hier eine rauchfreie Zone ist. Das finde ich aber nicht so toll.

4: Herr Krämer

Herr Krämer	Vor dem Start bin ich immer etwas nervös. Deswegen habe ich meine alte Pfeife dabei.
Stewardeß	Es tut mir leid, Herr Krämer. Seit Anfang des Monats wird in unseren Maschinen nicht mehr geraucht.

5: Ulrich

Postbeamter	Bitte schön?
Ulrich	Eine Briefmarke zu einer Mark bitte.
Postbeamter	Bitte schön.
Ulrich	Und haben Sie Feuer?
Postbeamter	Nein. Können Sie nicht lesen?

Fitneß-Food

2   **Hören und antworten**

Eine Tomate am Tag – das ist genau das, was das Herz erfreut. Israelische Wissenschaftler nehmen an, daß die roten Früchte den gleichen Wirkstoff wie Rotwein enthalten. Er senkt den Cholesterinspiegel im Blut um 70%.

Die Familie Jonas geht einkaufen

1 🎞️ **Hören und antworten**

Beispiel: **Herr Jonas** *Fünfhundert Gramm Lachs und ein halbes Pfund Krabben hätte ich gern, bitte.*

1 **Frau Jonas** Ein Dutzend Bratwürste und eine schöne Lammkeule. Ja, die da hinten, bitte.

2 **Julia** Möglichst etwas Exotisches haben sie gesagt. Also, sechs Kiwi, bitte, und so eine Schale Erdbeeren von den kanarischen Inseln.

3 **Jana** Ich möchte eine große Dose Bockwurst, eine Packung geräucherten Schinken und ein Stück Edamer, bitte.

4 **Jürgen** Hoffentlich sieht mich hier keiner. Die Torte kann ich bestimmt später kaufen. Eine Currywurst zum hier essen und eine Limo, bitte.

5 **Johannes** Geben Sie mir ein Vollkornbrot und sechs Roggenbrötchen, bitte. Danke… Ist das der Jürgen dort drüben? Ich hoffe, er hat schon Torte gekauft. Wie ich sehe, gibt es hier keine mehr.

Was essen sie gern zum Frühstück?

1 🎞️ **Hören und antworten**

Beispiel: ■ *Na, Wolfram, was ißt du gern zum Frühstück?*
Wolfram *Ich esse meistens ganz wenig zum Frühstück, nur ein Brötchen mit Butter und Marmelade.*
■ *Und was gibt's dann zu trinken?*
Wolfram *Es gibt ein Glas Orangensaft dazu.*

1 **Peter**
■ Und du, Peter. Ißt du auch immer ein so leichtes Frühstück?
Peter Nein, eigentlich nicht. Meine Arbeit ist ja auch körperlich ziemlich anstrengend, also esse ich relativ viel: ein gekochtes Ei, Aufschnitt, Butter, Käse…
■ Magst du Brötchen?
Peter Nein, zum Frühstück gibt's immer Schwarzbrot. Und ein paar Tassen Kaffee, damit ich richtig aufwache.

2 **Inge**
■ Wie sieht's bei dir denn aus, Inge?
Inge Als Getränk ziehe ich Kakao vor. Und zum Essen schmiere ich mir ein oder zwei Brötchen, die ich dann mit Käse esse – Edamer oder Gouda oder so.
■ Nimmst du lieber Butter oder Margarine?
Inge Es kommt darauf an, aber meistens Butter.

2 ✎ **Sprechen: Rollenspiel**
■ Wann ißt du normalerweise zu Hause?
■ Was ist dein Lieblingsessen?
■ Und was ißt du nicht gern?
■ Was trinkst du am liebsten zu den verschiedenen Mahlzeiten?
■ Kochst du auch mal zu Hause?
■ Wenn du mal kochst, was machst du?

Im Restaurant

1 **Sprechen: Rollenspiel**

- ■ Haben Sie schon gewählt?
- ■ Was hätten Sie denn gern als Vorspeise?
- ■ Und als Hauptgericht?
- ■ Und was hätten Sie gern zu trinken?
- ■ Und was möchte Ihr Freund?
- ■ Hat es Ihnen geschmeckt?
- ■ Ihre Rechnung. Bitte schön.
- ■ Geht das zusammen oder getrennt?

2 **Hören und antworten**

Maria	So, was wollen wir denn essen? Khalid, hast du schon gewählt?
Khalid	Nein, noch nicht. Frag mal den Günther zuerst.
Maria	OK… Günther?
Günther	Hier steht etwas von Tagessuppe. Weißt du, was es gibt?
Maria	Erbsensuppe, glaube ich. Die sieht ganz lecker aus. Ich nehme eine Portion davon.
Günther	Ich nicht! Dann esse ich lieber Krabbencocktail. Und du, Khalid?
Khalid	Keine Vorspeise für mich. Danke.
Maria	Gut. Und jetzt das Hauptgericht. Auf was habt ihr Appetit?
Khalid	Auf ein großes Stück Fleisch. Ich kann mich aber nicht entscheiden… Doch, ich nehme ein Pfeffersteak mit Pommes.
Günther	Ich habe Hähnchen schon lange nicht mehr gegessen. Soll ich Hähnchen nehmen? Ja… er… nein. Lieber Schweinefleisch mit Soße. Das riecht so gut! Was nimmst du, Maria?
Maria	Wie ich sehe, gibt es nichts Gescheites für Vegetarier. Ich werde wohl mit einem großen Salatteller zufrieden sein müssen.
Khalid	Müssen wir unseren Nachtisch sofort schon bestellen?
Maria	Das weiß ich nicht. Was wollt ihr denn – vorsichtshalber?
Günther	Ich möchte ein Schokoladeneis. Und wie ich dich kenne, Khalid, nimmst du Vanilleeis.
Khalid	Richtig! Und Maria?
Maria	Erstmal gar nichts. Aber ich trinke ein Glas Rotwein zum Essen.
Khalid	Und ich ein Bier.
Günther	Als Autofahrer trinke ich am besten nur Mineralwasser.
Maria	Vielen Dank, Günther. Das ist sehr lieb von dir. Herr Ober!

Familie und Freundeskreis

Beschreiben Sie Ihre Familie

2 **Lesen/Hören und antworten**

Steckbrief A

– Guten Morgen. Wie heißen Sie?
– Mein Name ist Peter Schneider.
– Peter Schneider, und Ihr Alter bitte?
– Ich bin 16 Jahre alt.
– Und Ihr Geburtsort?
– Ich bin hier in Münster geboren.
– Und Ihre Familie? Haben Sie Geschwister?
– Ich habe einen Bruder. Ich habe keine Schwester.
– Und was für Hobbys haben Sie?
– Ich gehe sehr gern angeln. Ich bin eigentlich nicht besonders sportlich aber ich mag schwimmen. Ich spiele auch in einer Band. Ich mag wirklich gerne Rockmusik.
– Was mögen Sie nicht?
– Kaffee kann ich nicht leiden. Ich trinke immer nur Wasser.

Steckbrief B

– Guten Tag. Wie ist Ihr Name bitte?
– Ich heiße Irene Jesse.
– Jesse. Wie schreibt man das?
– JESSE.
– Jesse. Danke. Und wie alt sind Sie?
– Ich werde im August 16. Am 17. August ist mein Geburtstag.
– Und Ihr Geburtsort?
– Ich bin in Böblingen geboren.
– Haben Sie Geschwister?
– Ich habe einen Bruder und 2 Schwestern. Sie sind alle älter als ich.
– Was mögen Sie?
– Tja, Hobbys, meinen Sie? Ich liebe Pferde – habe auch mein eigenes Pferd. Ich mag auch Katzen. Wir haben seit einem halben Jahr eine liebe Katze – Dolly. Ich höre gern klassische Musik, spiele Blockflöte in einer Musikgruppe. Ich höre nicht sehr gern Rockmusik.

4 **Sprechen**

■ Wieviele Personen gibt es in Ihrer Familie?
■ Haben Sie Geschwister?
■ Was ist Ihr Vater/Ihre Mutter von Beruf?
■ Was machen Ihre Geschwister?
■ Wie alt sind Ihre Eltern?
■ Wie sehen sie aus?
■ Was für Hobbys haben sie?
■ Was sind ihre Charaktereigenschaften?
■ Wie kommen Sie mit den anderen Mitgliedern Ihrer Familie aus?
■ Haben Sie Haustiere?

Wir wohnen in...

1 🎧 **Hören und antworten**

    1 Ja, ich wohne in einem Bungalow. Der liegt in einem Dorf. Es ist ganz schön ruhig hier. Hier links sehen Sie das Wohnzimmer. Das ist mit Eßecke. Da vorne – geradeaus – sehen Sie die Küche – ganz schön modern, und hier rechts sind die drei Schlafzimmer, Bad und WC.

    2 Ich wohne in einer Wohnung in der Stadtmitte. Es liegt bequem und günstig – nur 5 Minuten zu Fuß zu meinem Arbeitsplatz. Wir haben ein Wohnzimmer – hier rechts. Links ist das Badezimmer, die Toilette. Weiter dahinter, links, liegt unsere kleine Küche und weiter noch auf der rechten Seite sehen Sie die zwei Schlafzimmer.

    3 Ich wohne in einem Zweifamilienhaus. Wir wohnen im 2. Stock. Die Familie Jenner wohnt im Erdgeschoß. Ich finde unser Haus ganz gemütlich aber vielleicht ein bißchen klein. Hier links vom Eingang gibt es ein Bad, WC, und die Küche. Rechts sind die Schlafzimmer, und der Küche und dem Badezimmer gegenüber haben wir unser Wohnzimmer. Eßzimmer haben wir nicht. Wir essen im Wohnzimmer oder vielleicht auch mal in der Küche.

    4 Unsere Wohnung liegt auf dem Lande. Mir gefällt es hier. Wir haben eine schöne Aussicht, aber am Wochenende ist nicht sehr viel los für junge Leute. Wir haben ein großes Wohnzimmer – das liegt links vom Eingang. Daneben ist ein Eßzimmer und dann auch links hinten ist die Küche. Auf der anderen Seite gibt es die Schlafzimmer, und ganz hinten auf der rechten Seite ist das Badezimmer. Die Toilette ist hier um die Ecke auf der rechten Seite.

2 🎧 **Hören und antworten**

Willkommen in unserer Wohnung. Hoffentlich wirst du dich hier wie zu Hause fühlen. Ich zeige dir alles. Hier links hast du das Wohnzimmer – das ist zwar nicht groß, aber wir haben einen Balkon und einen Blick auf den See. Daneben vor uns ist das Eßzimmer und rechts daneben die Küche. Hier auf der rechten Seite neben dem Eingang ist das Büro meiner Mutter. Als Designerin muß sie viel zu Hause arbeiten. Dann weiter nach rechts ist mein Schlafzimmer – du teilst es mit mir, ja? Dann weiter nach rechts ist das Schlafzimmer meines Bruders und in der Ecke das Schlafzimmer meiner Eltern. Zwischen dem Schlafzimmer meiner Eltern und der Küche – mit der weißen Tür – hast du das Badezimmer – das ist die erste Tür neben der Küche, dann die Dusche und das WC. Das ist eigentlich alles. Eine Garage haben wir auch, aber die steht draußen auf der rechten Seite da vorne.

Mein Haus

2 **Sprechen**

- Wo liegt Ihr Haus?
- Wieviele Zimmer haben Sie?
- Haben Sie einen Garten?
- Wohnen Sie in einem Haus/in einer Wohnung/in einem Bungalow… ?
- Wieviele Schlafzimmer haben Sie?
- Haben Sie ein eigenes Zimmer? Beschreiben Sie Ihr Zimmer.

Adressen und Telefonnummern

1 **Hören und schreiben**

Michael	Ich heiße Michael Schäfer. Ich wohne in Berlin. Meine Adresse ist: Kennedyweg 25 – K-E-N-N-E-D-Y-W-E-G – Spandau, das ist S-P-A-N-D-A-U in Berlin, 13587 Berlin.
Ewald	Mein Name ist Ewald Ferle. Ich wohne auch in Berlin, in Spandau, das ist ein Vorort von Berlin. Meine Anschrift? Ja, Bonner Steig 15. Soll ich das buchstabieren? B-O-N-N-E-R S-T-E-I-G 15. Das ist 14089 Berlin.
Claudia	Ich heiße Claudia Rau. Ich wohne in Berlin Spandau. Meine Adresse: Teupitzerweg 5. Das schreibt man T-E-U-P-I-T-Z-E-R Teupitzerweg, W-E-G. Nummer 5. 13597 Berlin.

2 **Hören und antworten**

1 Mein Name ist Paula Reiner. Ich wohne in Berlin. Meine Telefonnummer ist 362 13 33.
2 Ich heiße Stefan Ferle. Meine Telefonnummer ist 127 48 84.
3 Mein Familienname ist Jakobs. Mein Vorname ist Steffi. Meine Telefonnummer ist 349 26 13.
4 Meine Telefonnummer ist 628 40 70. Ich bin der Wolf – Wolf Wagner heiße ich.

Gäste aus Deutschland

1 **Hören und antworten**

1 Ja, ich komme um 14.30 an. Sie werden mich ganz leicht erkennen. Ich bin ziemlich groß, 1 Meter 90. Ich habe kurze schwarze Haare, einen Bart, und ich trage einen dunklen Anzug.
2 Ja, ich bin ziemlich klein. Ich glaube, ich werde eine Jeans und einen Anorak tragen. Ich habe auch eine Reisetasche aus Leder. Ich habe lange blonde Haare.
3 Ich habe eigentlich fast keine Haare. Ich habe einen Schnurrbart. Ich werde eine Zeitung tragen, damit Sie mich leicht erkennen – unter dem rechten Arm. Wenn es kalt ist, trage ich meinen langen Mantel.
4 Ich will es bequem haben, wenn ich unterwegs bin. Deswegen trage ich einen Trainingsanzug. Ich habe hellbraune Haare – so mittellang. Ich habe einen Ohrring am linken Ohr. Ich bin ziemlich sportlich. Sie sehen wahrscheinlich meinen Tennisschläger in meiner Tasche.
5 Ich bin etwas dick, könnte man sagen. Ich werde eine braune Jacke und eine weiße Krawatte tragen. Ich habe lange, lockige Haare.

Jobs im Haushalt

1   📼   **Hören und antworten**

Beispiel: ■   *Wie hilfst du im Haushalt, Tobias?*

Tobias   *Also, abspülen tue ich nie – auf keinen Fall. Das hasse ich, und dafür haben wir eine Spülmaschine. Ich helfe beim Kochen. Das tue ich sehr gerne, und am Wochenende gehe ich mit meinen Eltern einkaufen.*

■   Wie hilfst du im Haushalt, Bettina?

Bettina   Tja, ich mache jeden Tag mein Bett, ich mache mein Zimmer sauber. Ich habe mein eigenes Zimmer – früher habe ich mit meinem Bruder ein Zimmer geteilt. Das war furchtbar. Ich arbeite ab und zu im Garten, mähe den Rasen und so weiter.

■   Wie hilfst du im Haushalt, Gabi?

Gabi   Na ja, ich gehe jeden Morgen mit dem Hund spazieren. Ich bügele einmal in der Woche, tja, das ist eigentlich alles. Oh, ich putze dann und wann die Fenster, aber däfur bekomme ich Geld von meinem Vater. Kochen tue ich nie. Das machen meine Mutter und mein Bruder.

■   Was machst du im Haushalt, Jens?

Jens   Eigentlich nicht sehr viel. Meine Mutter macht eigentlich alles im Haushalt. Mein Vater arbeitet im Garten. Ob ich mein Zimmer aufräume. . . ? Ach, nur sehr selten. . .

■   Wie hilfst du zu Hause, Jutta?

Jutta   Ich mache Babysitten bei den Nachbarn. Ich kriege Geld dafür – ziemlich viel. Das ist gut bezahlt. Zu Hause gehe ich mit dem Hund spazieren. Das mache ich täglich. Auch mache ich mein Bett und ich wasche die Autos von meiner Mutter und meinem Vater.

■   Michael, was machst du im Haushalt?

Michael   Ich gehe mit meinem Vater einkaufen. Ich mache mein Bett. Ich muß das Wohnzimmer saubermachen. Wäsche waschen – das mache ich nie. Bügeln auch nicht – das ist die Aufgabe meiner Schwester. Ich decke den Tisch, wenn wir essen. Das mache ich jeden Tag.

Kinoinformation

1   📼   **Hören und antworten**

Danke für Ihren Anruf. Es folgt das Kinoprogramm der kommenden Woche für den Zoo-Palast.

In unseren fünf Kinos bieten wir Ihnen folgende Filme:
Kino 1: *Der Totmacher* (ab 18 Jahren)
Kino 2: *König der Löwen* (ab 6 Jahren)
Kino 3: *Drei Männer und ein Baby* (ab 12 Jahren)
Kino 4: *Vier Hochzeiten und ein Todesfall* (ab 16 Jahren)
Kino 5: *Keiner liebt mich* (ab 16 Jahren)

Die Anfangszeiten für die Filme sind jeweils um 15 Uhr, 18 Uhr, und 21 Uhr ausgenommen Kino 2. Der Film dort beginnt um 14 Uhr, 17 Uhr, und 20 Uhr.

Im Kino 3 haben wir am Sonntag ein Vormittagsprogramm für Kinder. Um 10 Uhr läuft der Zeichentrickfilm *Schneewittchen und die Sieben Zwerge.*

Am Dienstag und Mittwoch ist Kinotag: Auf allen Plätzen beträgt der Eintritt 7 DM. Schüler bis 14 Jahre zahlen 5 DM. An allen anderen Tagen sind die Preise wie folgt gestaffelt:
Parkett, Reihe 1–8: 8 DM, Reihe 9–19: 10 DM, Reihe 20–30: 12 DM
Rang, Reihe 1–5: 12 DM, Reihe 6–12: 10 DM

---

2 **Sprechen: Rollenspiel**

- *Der Doppelgänger aus Bayern*, ein Krimi.
- Der Film beginnt um acht Uhr.
- Es kostet sechs Mark.
- Wir fahren mit dem Bus, mit dem 149. Sag mal, wie oft gehst du normalerweise ins Kino?

Eine Reservierung

2 **Sprechen: Rollenspiel**

- Also, Sie wollen eine Reservierung machen, ja?
- Für wieviele Personen?
- Und was für ein Zimmer wollen Sie?
- Für wieviele Nächte?
- Welche Mahlzeiten nehmen Sie ein?
- Und können Sie mir sagen, wann Sie ungefähr ankommen? Ihre Ankunftszeit, bitte?
- Haben Sie sonst noch Fragen?

Im Fremdenverkehrsamt

1 **Hören und antworten**

Tourist	Guten Tag. Ich suche ein Zimmer für drei Nächte fur 2 Erwachsene und 3 Kinder. Am liebsten ein Familienzimmer, aber wenn das nicht geht, dann vielleicht ein Doppelzimmer und ein Zimmer fur drei.
Angestellter	Moment mal. . .ja, Sie haben verschiedene Möglichkeiten. Wollen Sie ein Zimmer mit Bad oder lieber mit Dusche?
Tourist	Das ist mir eigentlich egal, Bad, Dusche, spielt keine Rolle, aber vor allen Dingen muß es preiswert sein. Wir brauchen kein Selbstwähltelefon, keine Minibar oder so. . .
Angestellter	Also das Hotel Stern. Die haben drei Zimmer frei, jedes Zimmer mit Bad und WC. Das liegt günstig, ist ja bequem und gemütlich. Alle Zimmer haben Fernsehen und Telefon. Sie haben Doppelzimmer, Zweibettzimmer und Einzelzimmer. Das ist ja aber ziemlich teuer, und das ist ohne Frühstück. Das Hotel Glocke – ja, hier hätten Sie ein Familienzimmer, das ist ein Zimmer für vier Personen. Sie haben auch Einzelzimmer, aber die befinden sich im dritten Stock, und das Familienzimmer ist im Erdgeschoß. Das geht nicht, oder?
Tourist	Na ja. . .es könnte gehen, wenn es nichts anderes gibt. . .
Angestellter	Warten Sie mal. Im Königshof. . . hätten Sie Doppelzimmer mit Dusche und WC und ein Dreibettzimmer mit Etagenbetten. Das ist auch mit Frühstück im Preis inbegriffen. . . aber sie haben ja nur zwei Nächte frei. Das Hotel ist aber sehr preiswert und liegt ganz schön am Seeufer.
Tourist	Danke. Ich spreche mit meiner Familie und komme bald zurück. Vielen Dank.

C Welt und Umwelt

Münster: Allwetterzoo und Delphinarium

2 **Sprechen: Rollenspiel**

- Wissen Sie, wo wir den Zoo finden?
- Wie weit ist das?
- Ist hier in der Nähe eine Wechselstube?
- Sie sind hier fremd?
- Sie sprechen aber gut Deutsch. Wo haben Sie Deutsch gelernt?

Stadtrundfahrt

2 **Hören und antworten**

- Entschuldigung. Ist hier in der Nähe eine Bank?
- Entschuldigen Sie bitte. Wie komme ich am besten zum Hallenbad?
- Grüß Gott. Können Sie uns helfen? Wir suchen einen Parkplatz.
- Können Sie mir sagen, wie ich am besten zur Johanniskirche komme?
- Guten Tag. Ich möchte zum Fußballstadion. Ich bin hier fremd. Können Sie mir helfen?
- Wir suchen das Freibad. Das ist in der Martinsstraße, glaube ich. Können Sie uns sagen, wo das ist?

Der Stadtplan

1 **Hören und antworten**

Beispiel:
- *Entschuldigung. Wo ist hier in der Nähe eine Bank, bitte?*
- *Eine Bank? Gehen Sie hier rechts, ja, die erste Straße rechts. Die Bank ist auf der rechten Seite.*

1
- Entschuldigung. Wie komme ich am besten zum Bahnhof, bitte?
- Zum Bahnhof? Gehen Sie hier geradeaus, dann links, ja, die erste Straße links.

2
- Entschuldigen Sie bitte. Ist hier in der Nähe ein Informationsbüro, bitte?
- Ja, mal sehen, ja. Sie gehen hier geradeaus, über die Ampel. Das Informationsbüro ist auf der rechten Seite, der Post gegenüber.

3
- Wie komme ich am besten zum Puppenmuseum bitte?
- Zum Puppenmuseum? Das ist ganz weit weg. Nehmen Sie die erste Straße rechts, dann die erste Straße links. Das Puppenmuseum ist auf der rechten Seite neben einem Parkplatz. Das ist ganz einfach zu finden, aber Sie brauchen zehn Minuten.

2 ### Hören und sprechen

1 Wie kommt man am besten zum Parkplatz?
2 Wo ist die Post, bitte? Wie lange braucht man?
3 Können Sie mir sagen, wie ich zur Polizei komme? Ist das weit von hier?
4 Wo ist das Kino, bitte?

3 ### Sprechen

■ Was gibt es in Ihrer Stadt zu sehen?
■ Wie oft fahren Sie in die Stadt?
■ Warum, zum Beispiel?
■ Wie fahren Sie?
■ Mit wem fahren Sie?
■ Was für ein Auto haben Sie?
■ Wie finden Sie Ihr Auto?

Einkaufen

1 ### Hören und antworten

1 Ja, die Bananen, die kosten 3 Mark 15 das Kilo.
2 Ich hätte gern ein Pfund Tomaten bitte. Was kosten die?
3 Was darf es sein?
4 250 Gramm Käse. Am Stück oder geschnitten?
  Geschnitten bitte.
5 Entschuldigen Sie. Wo ist hier die Schuhabteilung?
  Im Keller.
6 Diese Schuhe gefallen mir, sie sind aber zu klein.
  Welche Nummer suchen Sie?
  Die 42 bitte.
7 Die Trauben? Ja, von bester Qualität. Die kosten nur 5 Mark 95 das Kilo.
8 Ananas – 5 Mark das Stück.
9 Haben Sie noch einen Wunsch?
10 Wie findest du meine neue Jacke, Peter?
  Tja, du, ich finde, die Ärmel sind zu lang.

Die Einkaufsliste

1 📼 **Hören und antworten**

Also, Bodo, geh' mal zuerst in die Bäckerei. Wir brauchen ja Brötchen. Kauf' bitte 16 Brötchen.

Bei der Konditorei nebenan – bei „König" in der Prinzenstraße, nicht von „Nolte" auf dem Marktplatz – kaufst du einen Käsekuchen und eine große Apfeltorte. Geht das? Und dann vom Gemüsehändler brauchen wir 1 Kilo Zwiebeln und eine – nein, sagen wir zwei – Gurken.

Fleisch brauchen wir auch. Geh' mal zu „Keuerleber" in der Lammstraße und hole zwei Schweinekoteletts und etwas Salami – 200 Gramm bitte. Bring' auch 500 Gramm Schinken mit, wenn er nicht zu teuer ist.

Kannst du auch ganz schnell Briefmarken von der Post mitbringen? Ich brauche zwei Briefmarken für die Einladungen für Elise und Toni.

Jesse liegt ganz in der Nähe von der Post. Kannst du also Seife und Zahnpasta mitbringen? Vielen Dank, Bodo. Du bist ja so lieb. . .

Der Einkaufsbummel

1 📼 **Hören und antworten**

Sabine Ich bin eigentlich ein bißchen enttäuscht, muß ich sagen. Ich habe so viel kaufen wollen und hab' fast gar nichts gefunden. Alles war zu teuer für mich. . .

Martina Aber bei Krämer war ich. Die hatten Sommerschlußverkauf. Da war fast alles reduziert. Guck' mal. Gefällt dir der Hut? Ich wollte nämlich einen Strohhut für den Urlaub in Italien. Du weißt, wir fahren Ende Juli, ja? Und diese Sandalen hab' ich sehr billig gekauft. Sie sind schön, nicht? Die hab' ich bei „Schuh-Peter" in der Kochstraße gekriegt.

Sabine Ich wollte etwas für die Party am Freitag bei Sonja. Ich habe nur dieses Minikleid gefunden. Ich weiß nicht, ob die Farbe nicht ein bißchen grell ist.

Martina Ach, die Party bei Sonja. Da wollten wir auch hingehen, Manfred und ich, aber am Freitag klappt es nicht. Na, das Kleid gefällt mir. Das find' ich aber schön. Du, wie findest du diese Handschuhe? Die hab' ich mir für den Winter gekauft. Echte Wolle. Die waren ja ein bißchen teurer als ich gedacht hatte, aber es ist ja gute Qualität, das merkt man, und wenn wir dieses Jahr im Winter noch einmal zu Oma fahren, wo es letztes Jahr so furchtbar kalt war. . .

Sabine Sonst hab' ich nur noch drei Paar Socken gekauft – für Dieter. Der hat immer Löcher in seinen Socken. So was Interessantes! Ich wollte so viel kaufen aber habe insgesamt nur 19 Mark ausgegeben.

Martina Wenigstens hast du dein Geld gespart. Ich bin mit 250 Mark hingegangen und mit 15 Mark zurückgekommen. . .

Auf der Reise

1 **Hören und antworten**

Beispiel: *Einmal einfach nach Ohringen bitte. Was kostet das?*
1 Entschuldigen Sie. Ist hier in der Nähe eine Imbißstube?
2 Der Zug fährt um 17 Uhr 30 ab und kommt um 20.20 in Stuttgart an.
3 Können Sie mir helfen? Ich will einen Flug nach Irland buchen.
4 Haben Sie Ihren Platz reserviert?
5 Wissen Sie, wo ich die nächste U-Bahnstation finde?
6 Ich hätte gern eine Monatskarte. Gibt's so 'was hier?

Am Fahrkartenschalter

1 **Sprechen**

■ Guten Tag. Kann ich Ihnen helfen?
■ Um 15 Uhr 20.
■ Nein. Der Zug fährt direkt.
■ Er kommt um 18 Uhr 10 in Hamburg an.
■ Ja, hier. Um die Ecke, links.

Eine Schiffsfahrt

1 **Hören und antworten**

Sie wollen eine Hafenrundfahrt, also eine Schiffsfahrt machen? Ja, da haben Sie verschiedene Möglichkeiten, zum Beispiel mit der MS Johann Heinrich. Das Schiff macht jeden Tag fünf Rundfahrten, das heißt jeden Tag außer Montag. Die Abfahrtszeiten sind jeweils 10 Uhr, 11 Uhr 30 am Morgen. Am Nachmittag, äh, 13 Uhr 30, 15 Uhr, und die letzte Fahrt ist um 16 Uhr 30. Das ist die Kaffeefahrt mit Kaffee und Kuchen an Bord. Die normale Fahrt dauert eine Stunde.

Und der Preis? Für Erwachsene – 11 Mark. Kinderermäßigung 50%, also Kinder zahlen die Hälfte. Sie haben auch Sonderpreise für Gruppen ab 10 Personen. Das Schiff fährt jeden Tag außer Montag vom 1. Mai bis 30. November, aber vom 1. bis zum 30. April nur sonnabends und sonntags.

Weitere Informationen bekommen Sie von der Firma Johann Heinrich am Hafen. Möchten Sie die Telefonnummer?

Ein Verkehrsunfall

1 🎙️ **Hören und antworten**

. . . Tja, ich war in der Telefonzelle in der Neumannstraße, wollte gerade bei der Taxifirma anrufen. Es war so gegen 11 Uhr, 11 Uhr 10 am Morgen. Da ist ein Kinderspielplatz gegenüber der Telefonzelle, auf der anderen Seite der Straße, und da waren Kinder, die Fußball gespielt haben. Das Wetter war, äh, schön, es hat nicht geregnet. Die Straßen waren ganz trocken. Ein paar Autos, drei oder höchstens vier haben an der Ampel gewartet, bei Rot. Plötzlich ist der Ball aus dem Spielplatz herausgekickt worden, ist über den Zaun hinweggeflogen und auf der Straße gelandet. In diesem Moment schaltete die Ampel auf grün, aber ein Kind ist aus dem Spielplatz herausgelaufen, ganz ohne zu gucken. Er war, tja etwa 9, 10 Jahre alt, würde ich sagen. Er ist vor die Autos gelaufen, und der grüne Ford, der gerade anfuhr, hat das Kind überfahren. Das Kind ist so schnell von links gekommen, ich glaube, der Fahrer hat ihn erst im letzten Moment gesehen und hatte keine Zeit, zu bremsen. Aber im selben Moment ist der Fiat auf den Ford aufgefahren. Der hatte auch keine Zeit zu stoppen. Danach gab es natürlich einen ziemlich großen Stau an der Kreuzung. Das Kind lag teilweise unter dem Ford. Ich weiß nicht, wer die Polizei und den Krankenwagen angerufen hat, aber die sind sehr schnell – in zwei, drei Minuten glaub' ich – gekommen.

Wettervorhersage

1 🎙️ **Hören und antworten**

Das Wetter für Deutschland heute.
In Hamburg, Regen, Wind aus Nordost, Tageshöchsttemperatur 17 Grad.
In Berlin und Dresden, heiter bis wolkig. Temperaturen um die 8 Grad in Berlin, um die 11 Grad in Dresden.
In Stuttgart, bedeckt, 12 Grad, leichter Wind.
In Frankfurt, örtlich Gewitter, Tageshöchsttemperatur 16 Grad.
Im Münchener Raum, kühl, um die zwei Grad, Schneeschauer, Wind aus Südost.

Mein Beitrag zum Umweltschutz

1   📼   **Hören und antworten**

Beispiel: *Immer, wenn ich in der Stadt 'was erledigen muß, fahre ich mit dem Rad. Egal, wie spät und egal, wie das Wetter ist.*

1   Aus unseren Küchenresten und so weiter machen wir Kompost. Den graben wir dann in unseren Garten ein.

2   Alle Dosen, Flaschen und Gläser, die wir nicht mehr brauchen, bringen wir einmal in der Woche zum Recyclingcontainer.

3   Meine Eltern nehmen die Sache sehr ernst. Bei uns zu Hause können wir sogar Sonnen- und Windenergie nutzen.

4   Umweltschutz? Was geht mich das an? Ich lebe, wie ich will. In fünfzig Jahren bin ich sowieso nicht mehr da.

5   Ich bin dafür, daß man möglichst oft mit öffentlichen Verkehrsmitteln fährt. Das ist nämlich ganz toll. Man kann in Ruhe die Zeitung lesen und ist gar nicht so gestreßt, wenn man ankommt.

6   Wir produzieren nach wie vor viel zu viele Plastikverpackungen. Ich verzichte immer darauf und bestehe auf etwas Natürlichem, Glas oder Jute oder so.

2   🗨   **Sprechen: Rollenspiel**

- Ich glaube, daß ich zur umweltfreundlichsten Familie der Welt gehöre. Wir haben fünf verschiedene Mülltonnen in der Küche: eine für Kompost, eine für Papier, eine für Plastik, eine für Restmüll; ich habe vergessen, wofür die fünfte sein soll. Und sonst fahren wir alle zwei Tage zum Recyclingcontainer. Macht ihr auch so viel?

- Eigentlich finde ich das alles ein bißchen zu viel. Die Welt geht doch nicht unter, wenn ich eine Coladose auf die Straße werfe, oder?

- Bald halte ich das mit meinen Eltern nicht mehr aus. Sie sagen mir auch, ich darf kein Mofa fahren, weil es die Umwelt so sehr belastet. Was würdest du an meiner Stelle machen?

- Ja. Das stimmt! Tschüß!

Kraftwerk gesunken

1   📼   **Hören und antworten**

Großbritanniens erstes Wellen-Kraftwerk ist gesunken, bevor es überhaupt Strom liefern konnte. Der knallgelbe Generator, der 8000 Tonnen schwer und 20 Meter hoch ist, war erst vor drei Wochen vor der nordschottischen Küste verankert worden. Er sollte Billigstrom für 2000 Haushalte liefern. Der erste große Sturm versenkte das 9,2 Millionen Mark Projekt.

Feste

2   **Hören und antworten**

Beispiel: *Der 31. Dezember heißt bei uns „Silvester". Wir wünschen einander einen guten Rutsch ins neue Jahr. Da wird viel getrunken, wir gehen zu Partys, wir machen Feuerwerk, wir bleiben auf bis spät in die Nacht. Der nächste Tag ist Feiertag. Es wird nicht gearbeitet. Wir bleiben lange im Bett.*

1 Der 24. Dezember heißt bei uns „Heiligabend". Als Kinder haben wir immer mit Mutti und Oma Weihnachtskekse gebacken. Sie haben uns Weihnachtsgeschichten erzählt, und wir haben Lieder gesungen. Danach war die Bescherung, das heißt, wir haben unsere Geschenke bekommen. Vati hat mit einem Glöckchen geklingelt, und wir sind ins Wohnzimmer gegangen, wo wir unsere Geschenke unter dem Weihnachtsbaum gefunden haben.

2 Ich spreche über Ramadan. Das ist einmal im Jahr, aber jedes Jahr zu einer anderen Zeit. Das hängt vom Mond ab. Ramadan ist sehr wichtig für die Türken in Deutschland, für die Moslems. Das ist eine wichtige Fastenzeit. Am Tag dürfen wir nichts essen, nur Wasser trinken. Nur wenn es dunkel ist, dürfen wir essen. Da wird auch viel gebetet.

3 Karfreitag ist zwei Tage vor Ostersonntag. Das ist der Tag, an dem Jesus Christus gestorben ist. Es ist ein wichtiger Tag für die Christen. Es ist ein Feiertag, und alles ist sehr ruhig. Überall in Deutschland hört man Kirchenglocken läuten.

4 Wenn der neue Mond erscheint am Ende der Fastenzeit Ramadan, feiern wir ein großes Fest. Wenn der Himmel klar ist, suchen viele Leute den Mond. Sobald er erscheint, darf die Party beginnen. Wir geben einander Geschenke und schicken Karten an unsere Freunde. Wir essen natürlich auch sehr viel.

5 Der 6. Dezember heißt Nikolaustag. An diesem Tag putzen deutsche Kinder ihre Schuhe und stellen sie vor die Haustür. In der Nacht kommt der Nikolaus und füllt die Schuhe mit Süßigkeiten – aber nur wenn wir gute Jungen und Mädchen sind. Das ist in der Adventszeit – in den vier Wochen vor Weihnachten. Wir freuen uns auf Weihnachten und basteln Adventskränze und Adventskalender.

6 Aschermittwoch ist der erste Tag der Fastenzeit für Christen. Diese beginnt jedes Jahr im Februar. Zuerst ist Rosenmontag, dann kommt Faschingsdienstag, dann kommt Aschermittwoch. Nach der Karnevalszeit ist alles sehr ruhig. Man hört nur die Kirchenglocken.

D Die Arbeitswelt

Haben Sie einen Job?

1   📻 **Hören und antworten**

    1   Ja, ich arbeite als Babysitter, normalerweise zwei- bis dreimal pro Woche. Das gefällt mir. Ich mache meist meine Hausaufgaben dabei. Ich bekomme, tja, so gegen 30–40 Mark die Woche. Ich spare für Kleider und für meine Sommerferien.

    2   Ich habe keinen Job. Ich bekomme Taschengeld von meiner Mutter. Sie gibt mir so, äh, 100 Mark pro Monat. Ich kaufe Kleider, CDs, Zeitschriften.

    3   Ich bekomme Taschengeld – 25 Mark die Woche. Ich hatte einen Job, aber mit der Schularbeit und meinen Hausaufgaben ist das zu viel geworden. Ich bezahle den Eintritt in den Schwimmverein, Fahrgeld, und am Wochenende, wenn ich mal ins Kino gehe oder so, muß ich selber zahlen.

    4   Ja, ich arbeite. Ich helfe meinem Vater an der Tankstelle. Samstags und sonntagmorgens. Ich bekomme dafür 100 Mark pro Woche. Ich gehe oft in die Disco – das kostet eine Menge hier in dieser Stadt, und mein Hobby ist auch ziemlich teuer: Wasserski laufen.

    5   Ich arbeite in einer Konditorei, bin Kellnerin. Ich bekomme 85 Mark pro Woche. Das ist mit Trinkgeld. Ich brauche es für Fahrgeld und für Kleider.

Welchen Nebenjob haben sie?

1/2   📻 **Hören und antworten**

Beispiel: **Anna-Lisa**	*Jeden Samstag arbeite ich an der Fleischtheke in dem großen Supermarkt bei uns um die Ecke. Das macht sehr viel Spaß. Ich habe ein paar Freundinnen, die auch dort arbeiten.*	
1	**Kamilla**	Mit 14 Jahren darf man ja kaum irgendwo arbeiten. Ich habe schon ein paarmal in Boutiquen nachgefragt, aber immer hieß es, „du bist zu jung". Was übrigblieb, war Zeitungen austragen. Also habe ich in den Ferien und auch nach der Schule unsere Lokalzeitung verteilt.
2	**Yvonne**	Ich bin einfach losgegangen und habe in ein paar Läden gefragt, ob sie mich gebrauchen könnten. Nach einigen Absagen hatte ich in einem Laden für Geschenkartikel Glück. Von dem verdienten Geld habe ich meinen Skiurlaub finanziert.
3	**Emilie**	Ich habe in den letzten Ferien in einem Restaurant gekellnert. Das schwierigste war, meine Eltern zu überzeugen, denn sie wollten nicht, daß ich arbeiten gehe. Fünfzehn Mark habe ich in der Stunde verdient, plus Trinkgeld.
4	**Claudia**	Mein erster Job? Das war vor kurzem. In einem Schuhgeschäft, als Aushilfe. Schuhe auspacken, einsortieren, umstapeln, die Leute bedienen – acht Stunden am Tag, einmal in der Woche.

    167

Ferienjobs – wie ist es bei dir gelaufen?

1   📻   **Hören und antworten**

1	**Frauke**	Ich arbeite in den Ferien und samstags regelmäßig in einer Fleischerei im Verkauf. Das Arbeitsklima ist super. Bloß Fleisch kann ich langsam nicht mehr sehen. Die Hälfte von den neun Mark, die ich pro Stunde verdiene, geht aufs Konto. Den Rest gebe ich fast immer für Klamotten aus.
2	**Alexander**	Bei unseren Nachbarn mache ich seit kurzem ab und zu mal Babysitting. Meine Freunde finden das ziemlich komisch, weil es ja eigentlich ein Job für Mädchen ist. Das war mir aber egal. Ich komme super mit kleinen Kindern klar. Fünfzig Mark für ein paar Stunden Rumsitzen und Aufpassen – das lohnt sich schon.
3	**Inga**	Ich habe schon eine Menge ausprobiert: Babysitting, Jobs im Verkauf, Inventur, Schülernachhilfe und und und. Den optimalen Nebenjob – nicht nur für die Ferien – habe ich gerade vor kurzem gefunden. Ich bin Gymnastiktrainerin im Sportverein. Spaß und Arbeit kommen da zusammen, denn ich turne seit Jahren selbst.

2   🏉   **Sprechen: Rollenspiel**

- Hast du einen Freizeitjob?
- Wo arbeitest du?
- Seit wann machst du diese Arbeit?
- Wie findest du die Arbeit?
- Wie sind deine Arbeitszeiten?
- Wieviele Tage arbeitest du pro Woche?
- Wieviel verdienst du?
- Wofür brauchst du das Geld?

Interview zum Thema Berufspläne

1   🏉   **Sprechen: Rollenspiel**

- Welchen Beruf streben Sie an?
- Warum?
- Welche Qualifikationen braucht man?
- Welche Fächer braucht man, um das zu machen?
- Möchten Sie gern im Ausland arbeiten? Warum/Warum nicht?

Lebenslauf

1   📻   **Hören und antworten**

Maria	Hallo?
Interviewer	Hier spricht Hans Regentropfen von der Firma Schwerwasser AG. Ich hätte gern mit Fräulein Maria Schmidt gesprochen.
Maria	Am Apparat. Was kann ich für Sie tun?
Interviewer	Vielen Dank für Ihre Bewerbung, die ich heute bekommen habe. Ich habe aber gerade meinen Kaffee umgekippt und kann Ihren Lebenslauf leider nicht mehr so gut lesen. Darf ich Ihnen ein paar Fragen stellen?

Maria	Aber natürlich.
Interviewer	Wann und wo sind Sie geboren, Frau Schmidt?
Maria	Mein Geburtsdatum ist der vierzehnte Oktober 1977. Und ich bin in Slough geboren – also in England.
Interviewer	Slough? Wie schreibt sich das?
Maria	S-L-O-U-G-H.
Interviewer	Sie sind also Engländerin?
Maria	Nein, eigentlich nicht. Ich bin Deutsche. Aber meine Eltern haben ein paar Jahre in England gelebt.
Interviewer	Und seit wann gehen Sie zur Schule?
Maria	Das war 1983. Bis 1989 war ich auf der Gerd-Hauptmann-Schule hier in Lechbergen. Von 1989 bis heute besuche ich das Dittrich-Gymnasium in Obergaukel.
Interviewer	Und Sie streben das Abitur an?
Maria	Ja.
Interviewer	Was sind Ihre Hauptfächer – außer Deutsch und Mathe?
Maria	Englisch und Physik.
Interviewer	Unter Arbeitserfahrung steht, daß Sie ein Praktikum gemacht haben.
Maria	Ja, in einem Computergeschäft war das. Und ich bin auch Trainerin für eine Damenfußballmannschaft.
Interviewer	Und Ihre anderen Hobbys sind…
Maria	Skifahren, Fitneß… und ich gehe gern ins Theater.
Interviewer	Vielen Dank, Fräulein Schmidt. Sie hören bestimmt bald wieder von uns. Auf Wiederhören!

Interview mit Sandra Kernist

1	**Hören und antworten**

Interviewer	Also Sandra, wie bist du auf die Idee gekommen, Fernsehredakteurin zu werden?
Sandra	Ich habe mich eigentlich schon immer für die Medien interessiert und fand die Idee, beim Fernsehen mitzumachen, einfach ganz reizvoll.
Interviewer	Kannst du unseren Zuhörern erzählen, wie man in diesen Beruf einsteigt?
Sandra	Ja, natürlich. Abitur muß man schon haben. Dann kann man auf die Uni gehen und studieren. An manchen Universitäten werden sogar Kurse in Journalistik angeboten.
Interviewer	Und reicht das…?
Sandra	Nein, eigentlich nicht. Viel wichtiger ist es, möglichst breite Erfahrungen in der Medienwelt zu sammeln. Man kann ein Praktikum bei einer Tageszeitung oder einer Fernsehanstalt machen, oder man kann vielleicht bei einer Schülerzeitung mitarbeiten.
Interviewer	Was hast du gemacht?
Sandra	Während meines Studiums habe ich Artikel für eine Studentenzeitung geschrieben.
Interviewer	Was für Artikel waren das?
Sandra	Ach, ich habe über Politik, Musik, Kino, eigentlich über alles mögliche geschrieben.
Interviewer	Wie lange bist du inzwischen beim Fernsehen?
Sandra	Seit ich mit dem Studium fertig bin… also… ungefähr drei Jahre.
Interviewer	Und macht es dir Spaß?
Sandra	Ja. Unheimlich viel, obwohl die Arbeit sehr anstrengend ist. Einen 20-Stunden-Tag muß ich manchmal schon einlegen.

Interview über den Beruf

1 **Sprechen: Rollenspiel**

Beispiel

Interviewerin	*Guten Tag! Darf ich Ihnen ein paar Fragen über Ihre Arbeit stellen?*
Mann	*Bitte schön.*
Interviewerin	*Also, was sind Sie denn von Beruf?*
Mann	*Ich bin Zahnarzthelfer.*
Interviewerin	*Wie lange machen Sie das schon?*
Mann	*Seit fünf Jahren.*
Interviewerin	*Welche Qualifikationen haben Sie?*
Mann	*Ich war auf dem Gymnasium, und habe dort Abitur gemacht. Danach habe ich eine Fachausbildung zum Zahnarzthelfer gemacht. Das ist teils Theorie, teils praktische Arbeit.*
Interviewerin	*Was gefällt Ihnen an der Arbeit?*
Mann	*Ich habe viel Kontakt zu verschiedenen Menschen. Außerdem habe ich mich immer für Naturwissenschaften interessiert.*
Interviewerin	*Und was mögen Sie nicht so gern?*
Mann	*Ich bin gern im Freien. Ich finde es schade, daß ich den ganzen Tag drinnen verbringen muß.*
Interviewerin	*Vielen Dank.*

Fragen für die Rollenspiele A, B, C

- Guten Tag! Darf ich Ihnen ein paar Fragen über Ihre Arbeit stellen?
- Also, was sind Sie denn von Beruf?
- Wie lange machen Sie das schon?
- Welche Qualifikationen haben Sie?
- Was gefällt Ihnen an der Arbeit?
- Und was mögen Sie nicht so gern?
- Vielen Dank.

Hinweise für neue Angestellte

1/2 **Hören und antworten**

1 Workstation hier einschalten.
2 Password bzw. eigene Identitätsnummer eingeben.
3 Mit der Maus das gewünschte Programm wählen. (Zweimal klicken!)
4 Mindestens einmal pro Stunde eine Sicherheitskopie auf Diskette machen.
5 Am Ende des Tages sind die Sicherheitskopien beim Systemmanager abzugeben.
6 Beachten Sie beim Ausschalten, daß Sie wieder beim Hauptmenü angelangt sind.
7 Schalten Sie die Workstation aus.
8 Bitte vergessen Sie nicht, Ihren Drucker auch auszuschalten!

Die internationale Welt

Im Informationsbüro

1 ⟋ **Sprechen**

- Wie lange wollen Sie in Blennsdorf bleiben?
- Gut, und haben Sie alles, was Sie brauchen?
- Was wollen Sie wissen?
- Die Burg ist jeden Tag geöffnet. Von 10 Uhr bis 17 Uhr. Gibt's sonst noch etwas?
- Es kostet 10 Mark für Erwachsene und 5 Mark 50 für Kinder.
- Das Café Fester in der Uetzer Allee ist schön preiswert.

Autobahnraststätten – Symbolerklärung

2 **Hören und antworten**

A Ich muß sofort zu Hause anrufen.
B Wie kommen wir denn auf die andere Seite der Autobahn?
C Weißt du, ob man hier irgendwo Geld abheben kann?
D Ich bin so müde. Hoffentlich kann ich hier schlafen.
E Siehst du das dort drüben? Vielleicht kriegen wir eine Dose Chappie für den armen, hungrigen Bello.
F Das war aber eine lange Fahrt. Gut, daß ich mich hier waschen kann!

Hinweisschilder

1 **Hören und antworten**

Beispiel: *Ich habe Durst. Guck mal, dort drüben ist ein Kiosk. Da bekommen wir bestimmt etwas zu trinken!*

1 Fahr doch ein bißchen langsamer. Hier dürfen wir nur 60 Stundenkilometer fahren.
2 Auf dieser Brücke ist es aber wirklich windig!
3 Ein Glück! Jetzt sind wir endlich auf der Autobahn.
4 Das ist aber eine riesige Baustelle. Kein Wunder, daß wir so lange im Stau stehen mußten.
5 Auf diesem Straßenabschnitt muß man wirklich aufpassen, wenn es regnet.
6 Brauchen wir Benzin? Die nächste Tankstelle kommt nämlich gleich.
7 Vorsicht! Hier dürfen wir nicht reinfahren. Das muß eine Einbahnstraße sein.
8 HALT!!!
9 Bis Polen ist es bestimmt nicht mehr so weit. Hier ist schon der Zoll.
10 Hast du das gesehen?! Er ist fast auf unserem Autodach gelandet! Es muß hier in der Nähe einen kleinen Flughafen geben.

Nach England – und zurück

2   **Hören und antworten**

Na ja, wir sind von Sheffield ganz früh am Morgen abgefahren und sind mit dem Bus nach London gefahren. Das ging ziemlich schell auf der Autobahn, und wir hatten deswegen ein bißchen Zeit in London, bevor wir nach Folkestone abfahren mußten. Wir haben uns ein bißchen umgesehen, haben was zu essen gekauft, Getränke, ein paar Souvenirs, aber wir haben eigentlich nicht genug Zeit gehabt, richtig „Sightseeing" zu machen. Die Zeit war einfach zu knapp. Wir sind dann vom Victoria-Bahnhof mit dem Bus nach Folkestone gefahren. Das war ein Luxus-Reisebus mit Video, Toilette und so, aber in Folkestone haben wir gut zwei Stunden warten müssen, bevor wir in den Zug einsteigen durften, der uns durch den Tunnel bringen sollte. Das war für mich das erste Mal im Tunnel. Ich muß sagen, es war eigentlich uninteressant – das hat mich an die U-Bahn in München oder Berlin erinnert: überhaupt nichts zu sehen. Ich habe Radio gehört, wir haben gequatscht, aber ich war ein bißchen überrascht, wie schnell es ging. Wir waren bald in Frankreich und sind dann weiter nach Belgien gefahren, immer noch mit dem Zug. Ich habe ein bißchen geschlafen – ich war müde, weil wir so früh aufgestanden waren. Ich habe eine Zeitschrift gelesen. Ich war froh, als wir endlich die deutsche Grenze erreicht haben. Nur noch drei Stunden, und ich war zu Hause. Vom Bahnhof habe ich zu Hause angerufen, und meine Mutter hat mich mit dem Wagen abgeholt. Das geht immer sehr schnell – höchstens zehn Minuten.

In 31 Stunden rund um die Welt

3   **Sprechen: Rollenspiel**

- Na, wie geht es nach dem Rekordflug?
- Wie lange hat der Flug genau gedauert?
- Und wissen Sie, wie weit Sie gerade geflogen sind?
- Was gab es im Flugzeug zu essen und zu trinken?
- Konnte die Concorde ohne Zwischenlandung um die Welt fliegen?
- Es würde mich interessieren, was ein Ticket für den Flug gekostet hat.
- Hat es sich gelohnt?
- Vielen Dank. Auf Wiedersehen!

Ab in die große weite Welt!

2 📟 **Hören und antworten**

Beispiel: **Peter** *Ich möchte unbedingt mit einer kleinen Gruppe in den Fernosten fahren. Ich habe gehört, daß Saigon eine sehr schöne und vielseitige Stadt sein soll. Und das will ich mir ansehen.*

Gerda Du, das wollte ich schon immer machen. Einfach losspringen und Hunderte von Metern durch die Luft fallen, das muß ein unheimlich schönes Gefühl sein!

Manuela Mein Vater hat mir so ein altes Funkgerät geschenkt. Ich möchte gern wissen, wie man damit richtig umgeht.

Gabi Wo kann ich mehr über Wandern und Reisen lesen?

Heinz Ich kann noch nicht Auto fahren und muß es jetzt schnell lernen. Wie kann ich das mit meinem Urlaub verbinden?

3 📟 **Hören und antworten**

1 Sie sind mit dem Wandermagazin unter der Nummer 0228/361259 verbunden.

2 Hallo! Hier ist die 05674 99930. Wollen Sie hoch hinaus? Dann sind Sie bei uns genau an der richtigen Adresse!

3 Hier ist die Ferienfahrschule Kempfer, Telefonnummer 05064 1126. Leider ist unser Büro zur Zeit nicht besetzt.

4 Sie sind mit Lernidee Reisen, Rufnummer 030 786 50 56, verbunden.

5 Wir sind leider nicht da! Wählen Sie uns morgen noch einmal – Telefonnummer 04487 362.

6 Hi there, we're off biking just now! Ab Montag können Sie uns wieder erreichen – 06174 32278.

Aktiv Reisen

2 🖉 **Sprechen: Rollenspiel 1**

- Wann möchten Sie anreisen?
- Und wo möchten Sie zusteigen?
- Wieviele Personen sind Sie?
- Gut. Möchten Sie im Hotel nur übernachten oder brauchen Sie Halbpension?
- Möchten Sie ein Zimmer mit Bad oder mit Dusche?
- Alles klar. Das macht DM 875 pro Person. Wie möchten Sie zahlen?

3 🖉 **Sprechen: Rollenspiel 2**

- Wie kann ich Ihnen helfen?
- Hm. Das ist leider schon ausgebucht.
- Ja. Das geht. Für wieviele Personen wollen Sie denn buchen?
- Was für eine Unterkunft brauchen Sie… nur Übernachtung… Halbpension… Bad… Dusche?
- Von wo möchten Sie fahren?
- So. Das kostet DM 825 pro Person. Aber gegen einen Zuschlag von nur DM 26 können Sie statt den normalen Mieträdern ganz tolle Mountainbikes haben. Möchten Sie das?
- Alles klar. Und wie möchten Sie zahlen?

Am Telefon

1   **Sprechen: Rollenspiel**

- Also, wir kommen um 18 Uhr am Flughafen an. Geht das? Wer kann uns abholen?
- Wie lange ist die Reise zu dir?
- Und was kann ich als Geschenk für den kleinen Andrew mitbringen?
- Was für Ausflüge habt ihr geplant?
- Wie ist das Wetter bei euch im Moment?

Busradeln

2   **Lesen, hören und sprechen: Rollenspiel**

- Also, du möchtest gern dieses „Busradeln" machen? Von wo nach wo geht die romantische Straße denn eigentlich?
- Ist es aber nicht sehr teuer, mit dem Bus dorthin zu fahren?
- Und können wir am Wochenende fahren?
- Was passiert, wenn das Wetter ganz schlecht ist, oder wir zu müde zum Fahren sind?
- OK. Das hört sich sehr gut an. Kannst du mehr Details herausfinden?

Wie fährt man am liebsten?

1   **Hören und antworten**

Gerd	Mein Name ist Gerd. Ich fahre am liebsten mit dem Fahrrad. Es ist gesund, finde ich, und immer günstig. Auch ist es gut für die Umwelt – und natürlich auch billig.
Birgit	Ich bin die Birgit. Ich wohne ganz in der Nähe von meinem Büro. Daher gehe ich immer zu Fuß. Nur zehn Minuten brauche ich, um dahin zu kommen.
Paul	Paul heiße ich. Ich fahre sehr gern mit der Bahn. Es ist ja ziemlich teuer, aber es ist vor allen Dingen bequem, und ich finde, man kann sich ja gut ausruhen, sich richtig entspannen. Ich lese oft ein Buch oder eine Zeitung, trinke mal einen Kaffee. Ich habe einen Walkman und ich höre auch gerne Musik.
Gitti	Ich bin die Gitti. Ich arbeite am Hauptbahnhof und wenn ich zu meinem Arbeitsplatz fahre, nehme ich immer den Bus. Die Haltestelle ist in der Nähe von meiner Wohnung, und von der Endstation sind es nur zwei Gehminuten bis zum Hauptbahnhof.
Dörte	Mein Name ist Dörte. Vor zwei Jahren bin ich bei einem Verkehrsunfall verletzt worden – am Rücken und am rechten Fuß. Deswegen kann ich nicht mehr Auto fahren und ich nehme immer ein Taxi. Das ist zwar teuer, aber ich muß sagen, daß es mir eigentlich gefällt. Es ist sehr bequem.
Boris	Ich heiße Boris. Ich habe seit einem halben Jahr ein Motorrad. Es macht mir Spaß. Es ist laut und schnell – auch ziemlich aggressiv, wie ich. Ich muß auch sagen, daß es eigentlich sehr preiswert ist.

Groner Kirmeslauf

1 📼 **Hören und antworten**

Zweiter Groner Kirmeslauf am Sonntag, dem 3. September, um 13.30 Uhr.
Ein Straßenlauf für „Jung und Alt" vor zahlreichem Publikum. Start und Ziel: Festplatz Martin-Luther-Straße.
Je nach Alter oder Leistungsfähigkeit kann eine Strecke von 1600m, 2800m oder 5200m gelaufen werden.
Die Anmeldung zum Lauf muß spätestens eine halbe Stunde vor dem Start erfolgen.
Die Siegerehrung findet im Festzelt statt.

3 ✏️ **Sprechen: Rollenspiel**

- Wie heißen Sie bitte mit Nachnamen?
- … Und mit Vornamen?
- Danke schön. Ihre ganze Adresse, mit Postleitzahl bitte.
- Wann sind Sie geboren?
- Wieviel Startgeld hatten Sie bezahlt?
- Und welche Strecke wollten Sie laufen?
- Hm. Das kommt mir alles sehr bekannt vor. Ich sehe noch einmal nach. Ach ja. Hier ist es doch. Sie bekommen die Nummer 49. Vielen Dank nochmal und auf Wiedersehen.

Paralympics

1	🔊	**Hören und antworten**

Nachrichten-sprecherin	Der Countdown für die Paralympics in Atlanta hat begonnen. Unser Korrespondent spricht gerade mit Georg Müller, Cheftrainer der deutschen Behindertenmannschaft, um etwas über die Größe dieses enormen Ereignisses zu erfahren.
Journalist	Herr Müller, wie groß sollen die Spiele dieses Mal werden?
GM	Einfach riesig. Es wird einfach das größte Ereignis im Behindertensport, das es jemals gab. Zum Beispiel werden Sportler aus 100 Nationen erwartet. In insgesamt 17 Sportarten werden Sieger ermittelt.
Journalist	Wie lange dauern die Spiele?
GM	Zehn Tage.
Journalist	Und wie groß ist die sogenannte paralympische Familie?
GM	Sie besteht aus 4 000 Athleten, 1 000 Trainern und Betreuern, 1 500 Offiziellen und 15 000 Freiwilligen.
Journalist	Wo werden so viele Menschen untergebracht?
GM	Im Paralympischen Dorf. Das liegt 3 km vom Olympiastadion entfernt. Übrigens können 85 000 Zuschauer in diesem Stadion die Spiele genießen.
Journalist	Und in diesem Stadion finden alle Leichtathletikwettkämpfe statt…
GM	Genau. Insgesamt werden 900 Leichtathleten an den Paralympics teilnehmen. Aus der Bundesrepublik werden 61 am Start sein.
Journalist	Natürlich wünschen wir Ihnen allen viel Glück. Ich bedanke mich für die Informationen.

Katja Seizinger – Skifahrerin

2	⬭	**Sprechen**

- Wie alt ist Katja Seizinger jetzt?
- Wieviele Wohnorte hat sie?
- Mit wem wohnt sie zusammen?
- Wieviele Olympiamedaillen hat sie bis jetzt gewonnen?
- Hat sie jemals den Gesamt-Weltcup gewonnen?
- Welchen Beruf hat ihr Vater gelernt?
- Was macht er jetzt?

ANSWERS TO LISTENING AND READING TASKS

 Das Alltagsleben

Meine Familie

1 📖 Lesen und antworten

1h, 2d, 3f, 4a, 5b, 6c, 7e, 8g

[8 Punkte: 🎯 5/8]

Ergebnis: .... Punkte

Hausaufgaben und Schule

1 📼 Hören und antworten

1	**Jürgen:**	Für
		Man kann nicht alles in der Schule machen.
		2–3 Stunden pro Tag
2	**Birgit:**	Für
		Will auf die Universität gehen
		12 Stunden pro Woche
3	**Wolf:**	Gegen
		Will Ruhe/Freizeit haben
		Nichts
4	**Marga:**	Für
		Es ist wichtig, gute Noten zu bekommen.
		2–3 Stunden pro Tag

[12 Punkte: 🎯 9/12]

Ergebnis: .... Punkte

Ein typischer Schultag

1 📖 Lesen und antworten

1 Dienstag
2 6.10 Uhr
3 Wäscht Haare, duscht [either answer for 1 point]
4 Bus
5 Klassenzimmer
6 2–3 Stunden pro Tag
7 22 DM pro Woche
8 CDs, Zeitschriften, Sportverein [3]

[10 Punkte: 🎯 7/10]

Ergebnis: .... Punkte

Irene beschreibt ihre Schule

1 📖 Lesen und antworten

1R, 2F, 3F, 4F, 5R, 6F, 7F, 8R

[8 Punkte: 🎯 6/8]

Ergebnis: .... Punkte

Unsere Partnerschule

1 📼 Hören und antworten

1 Uniform (Mädchen): a, c
2 Schultag: a
3 Essen: d, f
4 Klubs, usw: b, d
5 Unterricht: a, b
6 Assembly: b
7 Rauchen: b, c

[12 Punkte: 🎯 8/12]

Ergebnis: .... Punkte

Peters Stundenplan

1 📖 Lesen und antworten

1 Zweimal
2 8.00
3 Montag, Donnerstag [2]
4 Englisch, Französisch [2]
5 Physik, Chemie [2]

[8 Punkte: 🎯 6/8]

Ergebnis: .... Punkte

Schüleraustausch in Spandau

1 📖 Lesen und antworten

1 One week
2 Twice a year
3 He was going to visit important historical sites.
4 He mentions going with his hosts to the old town and the 'Alexanderplatz'.
5 Less strict, no uniform, smoking is allowed [3]
6 They have the same views about music and the cinema. [2]

[9 Punkte: 6/9]

Ergebnis: .... Punkte

Ich muß die 9. Klasse wiederholen

1 📖 Lesen und antworten

1 Losing her old friends
2 Her friends do not ring her up as often.
   She cannot join in conversation when she is with them. [2]
3 The people belong to their own groups of friends.
4 She has the chance to make a fresh start.
   She is older than others in the class.
   She is more experienced.
   She has already covered the material in the lessons. [any 2]
5 b
6 a

[8 Punkte: 6/8]

Ergebnis: .... Punkte

Was tut weh?

1 📼 Hören und antworten

a	7	e	2	h	8
b	3	f	10	i	6
c	9	g	5	j	4
d	1				

[9 Punkte: 6/9]

Ergebnis: .... Punkte

Reiseapotheke – was gehört hinein?

1 📖 Lesen und antworten

1 b, 2 d, 3 a, 4 g, 5 c

[5 Punkte: 4/5]

Ergebnis: .... Punkte

Reiseapotheke – was nimmt man mit?

1 📼 Hören und antworten

Was?	Ja	Nein	Nicht erwähnt
1	X		
2	X		
3			X
4	X		
5	X		
6		X	
7			X
8			X
9	X		
10	X		

[10 Punkte: 7/10]

Ergebnis: .... Punkte

Gesundheit aktuell

1 📖 Lesen und antworten

a 3, b 2, d 1

[3 Punkte: 3/3]

Ergebnis: .... Punkte

2 📖 Lesen und antworten

f (Beispiel), 1 b, 2 e, 3 i, 5 c, 6 g, 7 d, 8 a, 9 h

[8 Punkte: 6/8]

Ergebnis: .... Punkte

Wie fit sind Sie wirklich?

1 Lesen und antworten

a 4, **b** 6, **c** 5, **d** 1, **e** 7, **f** 3
2 is not used.

[6 Punkte: 4/6]

Ergebnis: .... Punkte

2 Lesen und antworten

Ausdauer 2, 5, 7
Beweglichkeit 3, 4
Muskelkraft 1, 6, 8

[7 Punkte: 5/7]

Ergebnis: .... Punkte

Hier darf man nicht rauchen!

1 Lesen und antworten

1 f, 2 a, 3 d, 4 e, 5 h

[5 Punkte: 4/5]

Ergebnis: .... Punkte

Welcher Sport?

1 Lesen und antworten

Sportarten	Erwähnt	Nicht erwähnt
Beispiel:	x	
1		x
2		x
3	x	
4		x
5		x
6		x
7	x	
8		x
9	x	
10		x

[10 Punkte: 6/10]

Ergebnis: .... Punkte

Ein guter Vorsatz

1 Sprechen/Schreiben

(Examples)
- Ich habe viel zu viel ferngesehen; nächstes Jahr werde ich am Abend und am Wochenende mehr Sport machen.
- Am Wochenende bin ich immer zu spät aufgestanden; nächstes Jahr werde ich viel früher aufstehen.
- Ich bin immer mit dem Auto zur Schule gefahren; nächstes Jahr werde ich mit dem Rad fahren oder zu Fuß gehen.
- Ich habe meinen Tennisschläger weggeworfen; nächstes Jahr werde ich einen neuen kaufen und so viel wie möglich damit spielen.

Fitneß-Food

1 Lesen und antworten

1 There are lots of tasty, healthy foods.
2 After sport, the body has a need for minerals and vitamins.
3 Trying to change eating habits slowly.
4 You are more likely to feel like trying something new to eat. When you eat more slowly, you feel full after less food.

[5 Punkte: 3/5]

Ergebnis: .... Punkte

2 📼 Hören und antworten

1 Eine Tomate pro ~~Woche~~ ist besonders gut
.......................**Tag**.............................

für ~~den Kopf~~. [2]
...**das Herz**...............................

2 Das haben Forscher aus ~~Irland~~ entdeckt. [1]
.............................**Israel**...................

3 Tomaten enthalten ~~bestimmt~~ den gleichen
....................**wahrscheinlich**..............

Wirkstoff wie ~~Vollkornbrot~~. [2]
..........................**Rotwein**....................

4 Dieser Wirkstoff ~~erhöht~~ den
........................**senkt**................
Cholesterinspiegel im Blut um ~~17%~~. [2]
..................................**70%**...........

[7 Punkte: 🎯 5/7]

Ergebnis: .... Punkte

Die Familie Jonas geht einkaufen

1 📼 Hören und antworten

Beispiel:	Herr Jonas	d
1	Frau Jonas	f
2	Julia	c
3	Jana	b
4	Jürgen	g
5	Johannes	e

[5 Punkte: 🎯 3/5]

Ergebnis: .... Punkte

Wo essen wir am besten?

1 📖 Lesen und antworten

a 4, **b** 7, **c** 2, **d** 8, **e** 6, **f** 3

[6 Punkte: 🎯 4/6]

Ergebnis: .... Punkte

2 📖 Lesen und antworten

1 b, **2** c, **3** d, **4** a, **5** f, **6** d, **7** a, **8** e

[8 Punkte: 🎯 6/8]

Ergebnis: .... Punkte

Was essen sie gern zum Frühstück?

1 📼 Hören und antworten

Sie essen/ trinken . . .	Beispiel: Wolfram	Peter	Inge
1	x		X
2	x		
3		X	
4		X	
5	x	X	X
6		X	X
7		X	
8	x		
9		X	
10			
11			X

[10 Punkte: 🎯 7/10]

Ergebnis: .... Punkte

Im Restaurant

2 🎞 Hören und antworten

1

Die Speisekarte	Maria	Khalid	Günther	Niemand
1	X			
2				X
3		X		
4				X
5		X		
6		X		
7	X			
8		X		
9		X		
10				X

2   Maria: (Glas) Rotwein

    Khalid: Bier

    Günther: Mineralwasser

[13 Punkte: 🎯 9/13]

Ergebnis: ……….. Punkte

Beschreiben Sie Ihre Familie

Steckbriefe

2 **Lesen/Hören und antworten**

The printed 'Steckbriefe' are correct **except** for the following:

A Alter: 16
   Geburtsort: Münster
   Geschwister: 1 Bruder
   Mag: Rockmusik, nicht Hunde [1]   [4]
B Familienname: Jesse
   Alter: 15
   Geschwister: 1 Bruder, 2 Schwestern [1]
   Mag: Katzen, Blockflöt [2]
   Mag nicht: Rockmusik   [6]

Total 10. Lose 1 point for anything else altered.

[10 Punkte: 7/10]

Ergebnis: .... Punkte

Ich habe ein Problem. . .

1 **Lesen und antworten**

1 R, 2 F, 3 R, 4 F, 5 R, 6 R, 7 R, 8 F, 9 F, 10 R

[10 Punkte: 7/10]

Ergebnis: .... Punkte

2 **Lesen und antworten**

1 R, 2 F, 3 F, 4 R, 5 R, 6 R

[6 Punkte: 4/6]

Ergebnis: .... Punkte

Was machst du, wenn deine Freundin fremdgeht?

1 **Lesen und antworten**

1 Ramon
2 Roland
3 David
4 Sebastian
5 Roland
6 Martin

[6 Punkte: 4/6]

Ergebnis: .... Punkte

Peinliche Momente

1 **Lesen und antworten**

1 C, 2 A, 3 B

[3 Punkte: 3/3]

Ergebnis: .... Punkte

Wir wohnen in. . .

1 **Hören und antworten**

Plan a = 3, Plan b = 4, Plan c = 1, Plan d = 2

[4 Punkte: 4/4]

Ergebnis: .... Punkte

2 **Hören und antworten**

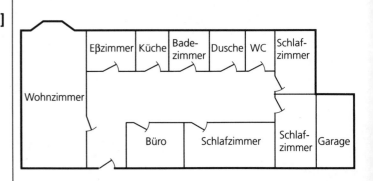

[12 Punkte: 9/12]

Ergebnis: .... Punkte

Mein Haus

1 Lesen und antworten

1 F, 2 R, 3 F, 4 F, 5 F, 6 F, 7 R, 8 F

[8 Punkte: 🎯 5/8]

Ergebnis: .... Punkte

Adressen und Telefonnummern

1 Hören und schreiben

1 Kennedyweg 25, Spandau, 13587 Berlin [4]
2 Bonner Steig 15, Spandau, 14089 Berlin [4]
3 Teupitzerweg 5, Spandau, 13597 Berlin [4]

[12 Punkte: 🎯 9/12]

Ergebnis: .... Punkte

2 Hören und antworten

1 a, 2 c, 3 b, 4 c

[4 Punkte: 🎯 3/4]

Ergebnis: .... Punkte

Gäste aus Deutschland

1 Hören und antworten

1 C, 2 B, 3 E, 4 A, 5 D

[5 Punkte: 🎯 3/5]

Ergebnis: .... Punkte

Jobs im Haushalt

1 Hören und antworten

Bettina – e, h
Gabi – d, i
Jens – nichts
Jutta – b, h, i
Michael – c, g, h

[11 Punkte: 🎯 8/11]

Ergebnis: .... Punkte

Kinoinformation

1 Hören und antworten

A a 2, b 4, c 1, d 3

[4 Punkte: 🎯 4/4]

Ergebnis: .... Punkte

B 1 F, 2 R, 3 F, 4 R, 5 F, 6 R

[6 Punkte: 🎯 5/6]

Ergebnis: .... Punkte

Schnupperwochenenden

1 Lesen und antworten

1 C, 2 A, 3 D, 4 B, 5 C, 6 D, 7 B

[7 Punkte: 🎯 4/7]

Ergebnis: .... Punkte

Das Freizeitzentrum

1 Lesen und antworten

A 1 R, 2 R, 3 F, 4 R, 5 R, 6 F

[6 Punkte: 🎯 4/6]

Ergebnis: .... Punkte

B 1 ja, 2 nein, 3 nein, 4 ja, 5 nein, 6 ja, 7 nein, 8 ja

[8 Punkte: 🎯 6/8]

Ergebnis: .... Punkte

2 Lesen und antworten

1 b
2 Eine Spielecke
3 Man trinkt Kaffee auf der Terrasse. [2]
4 Klein, groß, jung, alt. [4]

[8 Punkte: 🎯 5/8]

Ergebnis: .... Punkte

ANSWERS TO LISTENING AND READING TASKS

Wieviel zahlen sie?

1 📖 Lesen und antworten

1 2,50
2 2,50
3 5,00
4 5,00
5 2,50

[5 Punkte: 🎯 4/5]

Ergebnis: ………. Punkte

Schloßbesichtigung

1 📖 Lesen und antworten

1 b, 2 a, 3 c, 4 c, 5 b

[5 Punkte: 🎯 4/5]

Ergebnis: ………. Punkte

Rocket-Bungee

1 📖 Lesen und antworten

1 He is a figurehead, leads the way, runs Germany's biggest bungee jumping centre. [2]
2 Any
3 You start from the ground/with a taut cord/you are catapulted into the air/you control it yourself by means of a button. [any 3]
4 At the old airport
5 There are barbecue sites by the river.
6 Attend a (week-long) course, obtain Certificate 'A' [2]

[10 Punkte: 🎯 7/10]

Ergebnis: ………. Punkte

Freizeitreiten

1 📖 Lesen und antworten

a 2, b 4, c 1, d 6, e 3, f 5

[6 Punkte: 🎯 4/6]

Ergebnis: ………. Punkte

Hotel Jenewein

1 📖 Lesen und antworten

1 Winter [1]
2 Skiing [1]
3 Wonderful experiences, powdery snow on the slopes, 'après-ski' activities [any 2]
4 The chef [1]
5 International specialities and local delicacies [2]
6 b [1]
7 Confirm their reservation in writing by September [2]

[10 Punkte: 🎯 8/10]

Ergebnis: ………. Punkte

2 📖 Lesen und antworten

A 1 yes, 2 yes, 3 yes, 4 no, 5 yes

[5 Punkte: 🎯 4/5]

Ergebnis: ………. Punkte

B 1 2 pm/14.00
   2 Telephone the hotel
   3 no
   4 yes
   5 no
   6 no
   7 You should arrive after 3 pm if you come on a day other than Saturday. [2]

[8 Punkte: 🎯 6/8]

Ergebnis: ………. Punkte

Eine Reservierung

1 📖 Lesen und antworten

1 c, 2 g, 3 d, 4 h, 5 a, 6 e, 7 b, 8 f

[8 Punkte: 🎯 7/8]

Ergebnis: .... Punkte

3 📖 Lesen und antworten

1 c, 2 a, 3 e, 4 b, 5 d

[5 Punkte: 🎯 5/5]

Ergebnis: .... Punkte

Die Jugendherberge

1 📖 Lesen und antworten

1 R, 2 F, 3 F, 4 R, 5 R, 6 F, 7 R

[7 Punkte: 🎯 5/7]

Ergebnis: .... Punkte

2 📖 Lesen und antworten

1 R, 2 F, 3 F, 4 R, 5 R

[5 Punkte: 🎯 4/5]

Ergebnis: .... Punkte

3 📖 Lesen und antworten

1 Half board
2 Packed lunch
3 Swimming pool
4 Yes, or hire it for 5 DM [1]
5 No

[5 Punkte: 🎯 4/5]

Ergebnis: .... Punkte

Im Fremdenverkehrsamt

1 📼 Hören und antworten

Stern: c d f
Glocke: b h
Königshof: a e g

[8 Punkte: 🎯 5/8]

Ergebnis: .... Punkte

Münster: Allwetterzoo und Delphinarium

1 📖 Lesen und antworten

1 ja, **2** ja, **3** ja, **4** ja, **5** ja, **6** nein, **7** ja, **8** nein, **9** nein

[9 Punkte: 🎯 7/9]

Ergebnis: .... **Punkte**

Der Wegweiser

1 ✍️ Schreiben

a Freibad
b Tennisplätze
c Burg
d Bahnhof
e Theater
f Hallenbad
g Parkplatz
h Toiletten

[8 Punkte: 🎯 7/8]

Ergebnis: .... **Punkte**

Stadtrundfahrt

1 📖 Lesen und antworten

1 b, **2** b, **3** a, **4** a, e

[6 Punkte: 🎯 4/6]

Ergebnis: .... **Punkte**

2 📼 Hören und antworten

Erwähnt: a, c, d, e, f, j
Nicht erwähnt: b, g, h, i

[10 Punkte: 🎯 8/10]

Ergebnis: .... **Punkte**

Der Stadtplan

1 📼 Hören und antworten

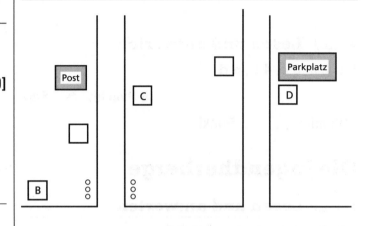

[3 Punkte: 🎯 2/3]

Ergebnis: .... **Punkte**

Einkaufen

1 📼 Hören und antworten

1 c, **2** c, **3** b, **4** b, **5**, d, **6** b, **7** b, **8** a, **9** a, **10** d

[10 Punkte: 🎯 7/10]

Ergebnis: .... **Punkte**

Die Einkaufsliste

1 Hören und antworten

16 Brötchen (not 6 Brötchen)
Apfeltorte (not Himbeertorte)
1 Kilo Zwiebeln (not Erbsen)
2 Briefmarken (not 3 Briefmarken)
Zahnpasta (not Schuhcreme)

[5 Punkte: 4/5]

Ergebnis: .... Punkte

Der Einkaufsbummel

1 Hören und antworten

1 Martina, **2** Martina, **3** Sabine, **4** Martina,
5 Sabine, **6** Martina, **7** Sabine, **8** Sabine,
9 Martina, **10** Martina

[10 Punkte: 8/10]

Ergebnis: .... Punkte

Auf der Reise

1 Hören und antworten

1 a, **2** a, **3** d, **4** c, **5**, a, **6** b

[6 Punkte: 4/6]

Ergebnis: .... Punkte

Eine Schiffsfahrt

1 Hören und antworten

Abfahrtszeiten: 10.00, 11.30, 13.30, 15.00,
16.30 [3]
Fahrt dauert: 60 Minuten [1]
Preis: Erwachsene 11 DM, Kinder 5,50 DM [2]
Täglich außer Montag vom 1. Mai bis zum
30. November [2]
Im April nur sonnabends/samstags und
sonntags [2]

[10 Punkte: 8/10]

Ergebnis: .... Punkte

2 Lesen und antworten

1 Schiff
2 **a** 10.45
  b 11.45
3 **a** 17.30
  b 18.35
4 28 DM
5 Nichts

[7 Punkte: 5/7]

Ergebnis: .... Punkte

Ein Verkehrsunfall

1 Hören und antworten

2, 8, 4, 9, 3, 6, 1, 5, 7

[9 Punkte: 7/9]

Ergebnis: .... Punkte

Wettervorhersage

1 Hören und antworten

Ort	Temperatur	Symbol (Zahl)
Beispiel: Hamburg	*17°C*	*7*
Berlin	8°C	5
Dresden	11°C	5
Stuttgart	12°C	2
Frankfurt	16°C	6
München	2°C	3

[10 Punkte: 7/10]

Ergebnis: .... Punkte

2 Lesen und antworten

1 D, 2 GTZ, 3 KI, 4 KI, 5 KI, 6 D, 7 GTZ

[7 Punkte: 5/7]

Ergebnis: .... Punkte

Mein Beitrag zum Umweltschutz

1 Hören und antworten

Beispiel:	g
1	e
2	a
3	f

4	d
5	c
6	b

[6 Punkte: 5/6]

Ergebnis: .... Punkte

Tonne, Sack & Co.

1 Lesen und antworten

1	c
2	a

3	d
4	b

[4 Punkte: 4/4]

Ergebnis: .... Punkte

2 Lesen und antworten

a 3, b 8, c 7, d 1, e 5, f 4

[6 Punkte: 4/6]

Ergebnis: .... Punkte

3 Lesen und antworten

b Use returnable packaging. Taking it back to the shop reduces the amount of rubbish generated by each individual.

c Using 'refill stations' allows you to use your own containers for some goods.

d Buying fresh food reduces the volume of rubbish and improves the quality of food you eat.

e Buy high-quality goods. In the long run they prove more economical and less wasteful than cheap purchases.

f To avoid receiving unwanted advertising material put a sticker with 'No adverts please' on your letter box.

[10 Punkte: 7/10]

Ergebnis: .... Punkte

Kraftwerk gesunken

1 Hören und antworten

1	Nicht im Hörtext.	6	Nicht im Hörtext.
2	Richtig.	7	Falsch.
3	Falsch.	8	Falsch.
4	Falsch.	9	Richtig.
5	Richtig.	10	Falsch.

[10 Punkte: 6/10]

Ergebnis: .... Punkte

Weihnachten

1 Lesen und antworten

1	14.00 bis 20.00 am 24. Dezember	[2]
2	Ungefähr 800	[1]
3	10 000	[1]
4	38 DM (und vielleicht bis zu 10 Mark Trinkgeld dazu)	[1]
5	Bis zu 15	[1]
6	Seit 4 Jahren	[1]
7	Mit dem Fahrrad	[1]
8	Ein Kind mußte pullern.	[1]
9	Einen roten Anzug, eine Mütze, und einen langen weißen Bart	[2]
10	Ins Bett gehen	[1]

[12 Punkte: 9/12]

Ergebnis: .... Punkte

Feste

2 Hören und antworten

1 Heiligabend	24. Dezember	• Kekse backen • mit Glöckchen klingeln • Geschichten erzählen [3]
2 Ramadan	jedes Jahr anders	• Während des Tages nichts essen • Wichtig für die Türken in Deutschland [2]
3 Karfreitag	2 Tage vor Ostern	• Glocken läuten • Der Tod von Jesus Christus [2]
4 Ende des Ramadans	jedes Jahr anders	• Geschenke geben • Neuer Mond erscheint [2]
5 Nikolaustag	6. Dezember	• Schuhe putzen • Schuhe vor der Tür [2]
6 Aschermittwoch	Februar (gewöhnlich)	• Alles ruhig [1]

[24 Punkte: **18/24]**

Ergebnis: .... Punkte

Eine gute Nachricht!

1 Lesen und antworten

1 Die Tochter
2 Der Bruder
3 Drei
4 Blaue, keine [2]
5 Werner und Monika
6 Ein großes Fest, Essen und Tanzen [2]
7 Kommen zu Besuch
8 Hochzeitsfeier
9 Enkel
10 Peters

[12 Punkte: 9/12]

Ergebnis: .... Punkte

D Die Arbeitswelt

Haben Sie einen Job?

1 Hören und antworten

1 Job [1]; 30–40 DM pro Woche [1]; spart für Kleider, Sommerferien [2]
2 Taschengeld [1]; 100 DM pro Monat [1]; kauft Kleider, CDs, Zeitschriften [any 2]
3 Taschengeld [1]; 25 DM pro Woche [1]; Schwimmverein, Fahrgeld, Kino [any 2]
4 Job [1]; 100 DM pro Woche [1]; Disco, Wasserski [2]
5 Job [1]; 85 DM pro Woche [1]; Fahrgeld, Kleider [2]

[20 Punkte: 16/20]

Ergebnis: ……….. Punkte

2 Lesen und antworten

1 A few hours per week [1]
2 Understanding for single/lone parents [1]
3 Senior citizens, housewives/house husbands, schoolboys/schoolgirls, 'you'. [any 2]
4 b [1]

[5 Punkte: 4/5]

Ergebnis: ……….. Punkte

Welchen Nebenjob haben sie?

1 Hören und antworten

Beispiel:	Anna-Lisa	G
1	Kamilla	D
2	Yvonne	A
3	Emilie	E
4	Claudia	C

[4 Punkte: 3/4]

Ergebnis: ……….. Punkte

2 Hören und antworten

Kamilla
a Kamilla ist vierzehn Jahre alt.
b „Du bist zu jung."
Yvonne
c Sie hat einen Skiurlaub finanziert.
Emilie
d Ihre Eltern.
e Fünfzehn Mark (plus Trinkgeld).
Claudia
f Acht Stunden in der Woche.

[6 Punkte: 4/6]

Ergebnis: ……….. Punkte

Wie finde ich überhaupt einen Job?

1 Lesen und antworten

a Traumlöhne, b Ferienzeit, c Boutiquen, d Annonce, e Arbeitsamt

[5 Punkte: 4/5]

Ergebnis: ……….. Punkte

2 Lesen und antworten

1 Go there and ask. [1]
2 In the holidays. [1]
3 Ask at the job centre or look at the small advertisements in the newspaper. [2]
4 If the wages appear very high, or if it is not clear what you will actually be doing. [2]
5 You can put your own advertisement into the newspaper or on a noticeboard in the supermarket. [2]

[8 Punkte: 5/8]

Ergebnis: ……….. Punkte

Ferienjobs – wie ist es bei dir gelaufen?

1 Hören und antworten

a Inga
b Frauke
c Alexander
d Frauke
e Alexander
f Inga

[6 Punkte: 4/6]

Ergebnis: ·········· Punkte

Lebenslauf

1 Hören und antworten

Familienname: Schmidt
Vorname(n): Maria
Geburtsdatum: 14/10/77   Geburtsort:
                          SLOUGH,
                          ENGLAND
Familienstand: ledig
                          Staatsangehörigkeit:
                          DEUTSCH

Schulen:
  Von 1983 bis 1989   Gerd-Hauptmann-Schule
                          98760 Lechbergen
  Von 1989 bis HEUTE   Dittrich–GYMNASIUM
                          99999 Obergaukel
Angestrebte Qualifikationen: ABITUR
(Bitte Name der Qualifikation
und Fächer angeben!)
                          Fächer: Deutsch Mathematik
                          PHYSIK ENGLISCH

Arbeitserfahrung: Praktikum in einem
                          COMPUTERGESCHÄFT
                          TRAINERIN für eine
                          DAMENFUSSBALL-
                          MANNSCHAFT
Hobbys und andere   SKIFAHREN
Freizeitinteressen: FITNESS
                          THEATER

[15 Punkte: 10/15]

Ergebnis: ·········· Punkte

Ausbildung zur Hotelfachkraft

1 Lesen und antworten

	Ja	Nein	Nicht erwähnt
1		X	
2	X		
3	X		
4		X	
5	X		
6			X

[6 Punkte: 4/6]

Ergebnis: ·········· Punkte

2 Lesen und antworten

1 Man muß flexibel, aufgeschlossen und fleißig sein. [any 2]   [2]
2 Man hat wenig Freiraum. Die Arbeitschancen hängen von den Stellen ab, die gerade angeboten werden.   [2]
3 Die Ausbildung ist sehr ausführlich/ umfangreich. Sie hat theoretische sowie praktische Aspekte. Sie führt zu einem staatlich anerkannten Abschluß.   [4]

[8 Punkte: 5/8]

Ergebnis: ·········· Punkte

Stellenangebote

1 📖 Lesen und antworten

Personen	Stellen
1	D
2	B
3	G
4	C
5	F
6	H

[6 Punkte: 🎯 4/6]

Ergebnis: ………… Punkte

Drei Arbeitsangebote

1 📖 Lesen und antworten

1 B, 2 A, 3 C, 4 A, 5 B, 6 C, 7 A

[7 Punkte: 🎯 4/7]

Ergebnis: ………… Punkte

Interview mit Sandra Kernist

1 📼 Hören und antworten

[NB words in capitals are essential]
1 Sie sind INTERESSANT. [1]
2 Man muß ABITUR haben. [1]
3 Man kann JOURNALISTIK studieren. [1]
4 **(a)** Man macht ein PRAKTIKUM bei einer TAGESZEITUNG oder bei einer FERNSEHANSTALT. [2]
(b) Man ARBEITET bei einer SCHÜLERZEITUNG. [2]
5 Sie hat über POLITIK, MUSIK, KINO und ALLES MÖGLICHE geschrieben. [any 2] [2]
6 VOR DREI JAHREN [1]
7 Sie muß manchmal 20 STUNDEN am TAG arbeiten. [2]

[12 Punkte: 🎯 8/12]

Ergebnis: ………… Punkte

Anzeige: Lufthansa Verkehrsfliegerschule

1 📖 Lesen und antworten

1	Wetter	–
2	viele	d
3	Pilotin	a
4	auch	f
5	Fliegen	b
6	als	–
7	Stellen	e

[5 Punkte: 🎯 4/5]

Ergebnis: ………… Punkte

2 📖 Lesen und antworten

1 Die Anzeige ist speziell für Frauen. [R]
2 Die Lufthansa hat im Moment genug Piloten und Pilotinnen. [F]
3 Die Lufthansa sucht junge Menschen mit nicht zu viel Ambition. [F]
4 Die Lufthansa stellt nur Experten als Ausbilder ein. [R]
5 Die Lufthansa benutzt ganz altmodische Technik während der Ausbildung. [F]
6 Die Ausbildung dauert 36 Monate. [F]
7 Während der Ausbildung muß man in Deutschland bleiben. [F]
8 Die Lufthansa Verkehrsfliegerschule ist eine der besten der Welt. [R]

[8 Punkte: 🎯 5/8]

Ergebnis: ………… Punkte

Herbergseltern

1 Lesen und antworten

1	j
2	h
3	a
4	i
5	d
6	b
7	g
8	e
9	f

[9 Punkte: 5/9]

Ergebnis: ……….. Punkte

Hinweise für neue Angestellte

1 Hören und antworten

Beispiel: **a** *1*, **b** 4, **c** 2, **d** 8, **e** 5, **f** 3

[5 Punkte: 4/5]

Ergebnis: ……….. Punkte

2 Hören und antworten

- Switch on work station here.
- Enter password or code.
- Select program with mouse (double click).
- Make back-up on floppy disk at least every hour. [2]
- Hand in back-up disks to manager at end of day. [2]
- Return to main menu before switching off.
- Switch off.
- Do not forget to switch off printer as well.

[10 Punkte: 6/10]

Ergebnis: ……….. Punkte

Arbeit und Arbeitslosigkeit

1 Lesen und antworten

1 b, **2** a, **3** c

[3 Punkte: 2/3]

Ergebnis: ……….. Punkte

2 Lesen und antworten

1 F, **2** R, **3** F, **4** R, **5** R, **6** F, **7** F, **8** R

[8 Punkte: 5/8]

Ergebnis: ……….. Punkte

T-Online (Btx)

1 Lesen und antworten

1 Plan your journey and buy your ticket. [2]
2 Gives details of train connections from Germany to other countries; train timetables of neighbouring countries stored in system. [2]
3 Credit card. [1]
4 Modem and software. [2]
5 To request order forms for software. [1]

[8 Punkte: 6/8]

Ergebnis: ……….. Punkte

Die internationale Welt

Ausflüge: Freizeitangebote

1 📖 **Lesen und antworten**

1 A, 2 E, 3 D, 4 B, 5 F

[5 Punkte: 4/5]

Ergebnis: .... Punkte

Autobahnraststätten – Symbolerklärung

1 📖 **Lesen und antworten**

1	Konferenzraum	–
2	Hundebar	H
3	Behindertenservice	C
4	Autobahnkapelle	I
5	Autobahnübergang	J
6	Telefon	B
7	Babywickelraum	E
8	Kinderspielplatz	G
9	Betten	A
10	Fernfahrerdusche	F

[8 Punkte: 6/8]

Ergebnis: .... Punkte

2 📼 **Hören und antworten**

Person	Ort
Beispiel: A	4
B	3
C	1
D	6
E	2
F	5

[5 Punkte: 4/5]

Ergebnis: .... Punkte

Hinweisschilder

1 📼 **Hören und antworten**

1 C, 2 F, 3 H, 4 E, 5 A, 6 J, 7 D, 8 G, 9 K, 10 B

[10 Punkte: 8/10]

Ergebnis: .... Punkte

Reisen statt Rasen – ein paar Tips für unterwegs

1 📖 **Lesen und antworten**

1 F, 2 F, 3 R, 4 F, 5 R, 6 R, 7 F, 8 R

[8 Punkte: 6/8]

Ergebnis: .... Punkte

Reduzierung der Kartenflut: BahnCard mit Zahlungsfunktion

1 📖 **Lesen und antworten**

1 a, 2 c, 3 c, 4 b, 5 b, 6 a, 7 c

[7 Punkte: 5/7]

Ergebnis: .... Punkte

Nach England – und zurück

1 📖 **Lesen und antworten**

1 a, 2 c, 3 a, 4 a, 5 b

[5 Punkte: 5/5]

Ergebnis: .... Punkte

2 📼 **Hören und antworten**

1 F, 2 R, 3 F, 4 F, 5 F, 6 R, 7 F, 8 R, 9 F

[9 Punkte: 7/9]

Ergebnis: .... Punkte

In 31 Stunden rund um die Welt

1 Lesen und antworten

a The length of Concorde's record flight
b The distance covered by Concorde
c The places Concorde stopped en route
d Where the journey began and ended
e The number of passengers on board
f The year in which the previous record was set
g The previous record time
h The fare paid by each passenger
i The weight of caviar consumed during the flight
j The number of bottles of champagne and beer, respectively, consumed during the flight

[10 Punkte: 7/10]

Ergebnis: .... Punkte

2 Lesen und antworten

A 3, **B** 11, **C** 6, **D** 1, **E** 8, **F** 9, **G** 10, **H** 5, **I** 4, **J** 2, **K** 7

[10 Punkte: 7/10]

Ergebnis: .... Punkte

Ab in die große weite Welt!

1 Lesen und antworten

1 G, 2 F, 3 A, 4 B, 5 E, 6 D

[6 Punkte: 4/6]

Ergebnis: .... Punkte

2 Hören und antworten

1 B, 2 E, 3 A, 4 C

[4 Punkte: 3/4]

Ergebnis: .... Punkte

3 Hören und antworten

1 R, 2 R, 3 F, 4 R, 5 F, 6 F

[6 Punkte: 5/6]

Ergebnis: .... Punkte

Aktiv Reisen

1 Lesen und antworten

1 A
2 C
3 A, B, C
4 A, C
5 B
6 C
7 B
8 B, C

[8 Punkte: 6/8]

Ergebnis: .... Punkte

NB Only exactly the right answer counts each time.

Wochenende in London

1 Lesen und antworten

1 R, 2 F, 3 F, 4 R, 5 F, 6 F, 7 R, 8 F

[8 Punkte: 6/8]

Ergebnis: .... Punkte

Berlin-Touristen-Information

1 Lesen und antworten

1	A round trip	[1]
2	Experienced, knowledgeable	[2]
3	Walking, cycling	[2]
4	The planned extermination of the Jews	[1]
5	There was direct confrontation between the U.S.A. and the Soviet Union	[1]
6	An exhibition about the Berlin Wall and the different methods which have been used to escape across it	[2]
7	The biggest building site in Europe	[1]
8	d	[1]
9	c	[1]

[12 Punkte: 9/12]

Ergebnis: .... Punkte

Preiswert durch Europas Hauptstädte

1 Lesen und antworten

1 nein, 2 ja, 3 ja, 4 ja, 5 nein, 6 ja, 7 ja, 8 nein

[8 Punkte: 6/8]

Ergebnis: .... Punkte

Tips für schöne Ferien

1 Lesen und antworten

1 Wenn man nach Großbritannien oder Nordirland telefoniert
2 Bei der Post
3 Am Körper verdeckt aufbewahren
4 In den Tresor
5 Um Hilfe zu rufen
6 Sie könnten verbotene Drogen enthalten
7 b

[7 Punkte: 5/7]

Ergebnis: .... Punkte

Busradeln

1 Lesen und antworten

1 b, 2 a, 3 a, 4 a

[4 Punkte: 4/4]

Ergebnis: .... Punkte

BahnCard

1 Lesen und antworten

1 One year [1]
2 BahnCard is just for second class, BahnCard First is for first and second class. [2]
3 50% [1]

[4 Punkte: 3/4]

Ergebnis: .... Punkte

Wie fährt man am liebsten?

1 Hören und antworten

1 Birgit – zu Fuß – wohnt nicht weit vom Arbeitsplatz
2 Paul – mit dem Zug – kann lesen und Musik hören
3 Gitti – mit dem Bus – Haltestelle in der Nähe vom Arbeitsplatz
4 Dörte – mit dem Taxi – bei einem Unfall verletzt
5 Boris – mit dem Motorrad – schnell, macht Spaß, ist sehr preiswert

[10 Punkte: 8/10]

Ergebnis: .... Punkte

Groner Kirmeslauf

1 Hören und antworten

1 R
2 F: Der Kirmeslauf ist für Jung und Alt.
3 F: Es wird viele/zahlreiche Zuschauer geben.
4 R
5 F: Man muß sich mindestens 30 Minuten vor dem Lauf anmelden.
6 F: Die Sieger bekommen ihre Preise im Festzelt.

[10 Punkte: 7/10]

Ergebnis: .... Punkte

2 Schreiben

a All words should be in block capitals ('Druckbuchstaben').
b Correct entry fee should be included to match with date of birth.
c 'Start-Nummer' box should be left blank.
d Only one 'Strecke' should be marked – with a cross.
e One mark per box – total of eleven marks.

Paralympics

1 Hören und antworten

Zahl der erwarteten Nationen $\boxed{100}$ (*Beispiel*)

Zahl der Sportarten $\boxed{17}$

Zahl der Wettkampftage $\boxed{10}$

Größe der paralympischen Familie – Athleten $\boxed{4\,000}$

– Trainer $\boxed{1\,000}$ und Betreuer

– Offizielle $\boxed{1\,500}$

– Freiwillige $\boxed{15\,000}$

Entfernung des Olympiastadions vom paralympischen Dorf $\boxed{3\ \text{km}}$

Zuschauerzahl im Olympiastadion $\boxed{85\,000}$

Zahl der deutschen Leichtathleten bei den paralympischen Spielen in Atlanta $\boxed{61}$

[9 Punkte: 6/9]

Ergebnis: ……… Punkte

Katja Seizinger – Skifahrerin

1 Lesen und antworten

1 Ja.
2 Nein. Sie wurde im Rheinland geboren.
3 Ja.
4 Nein. Sie hat insgesamt zwei Medaillen bei den olympischen Spielen gewonnen.
5 Ja.
6 Ja.
7 Nein. Ihr Manager ist ihr eigener Vater/Stahl-Fabrikant.

[10 Punkte: 6/10]

Ergebnis: ……… Punkte

2 Sprechen

[suggested answers]
■ Sie ist _____ Jahre alt.
■ Sie hat zwei – in Eberbach und in Garmisch-Partenkirchen.
■ Sie wohnt mit ihren Eltern zusammen.
■ Sie hat zwei Olympiamedaillen gewonnen.
■ Nein. Sie war zweimal Zweite.
■ Er ist Stahl-Fabrikant.
■ Jetzt ist er Katjas Manager.

EXTRA TASKS FOR ASSESSMENT/ PRE-EXAM PRACTICE

Auf dem Campingplatz

1 Sprechen: Rollenspiel

Sie kommen auf einem Campingplatz an. Sie haben keine Reservierung gemacht.

Hören Sie sich die Kassette an und beantworten Sie die Fragen.

Platz? | 6. Aug | → | 20. Aug |

Wo?

2 Schreiben

Sie wollen eine Reservierung machen.

Schreiben Sie einen Brief an einen Campingplatz. Geben Sie folgende Informationen:

| 28. Juli | → | 10. Aug |

13   14

Stellen Sie folgende Fragen:

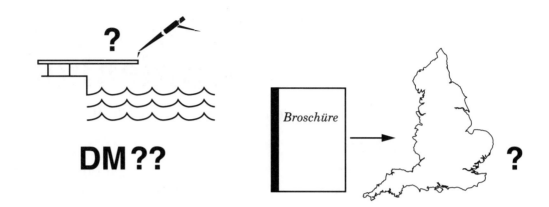

DM??

Broschüre

?

 3 Lesen und antworten

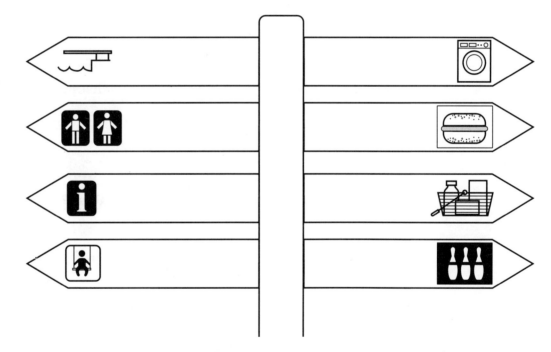

Was gehört wohin? Schreiben Sie die richtigen Wörter auf den Wegweiser.

KEGELBAHN   SPIELPLATZ   GESCHÄFT   TOILETTEN   INFORMATION
WASCHMASCHINEN   FREIBAD   SCHNELLIMBISS

[8 Punkte: 🎯 **6/8]**

4 Lesen und antworten

Willkommen

CAMPINGPLATZ
Mühlenhof

Campinggäste bzw. Besucher bitte hier parken und anmelden

Gebühren
Übernachtung:

		Zelt oder Wohnwagen	DM 7,00
Erwachsene	DM 8,00	" mit Stromanschluß	DM 10,00
Kinder (3 bis 14 Jahre)	DM 6,00	Pkw	DM 6,50
Hunde	DM 2,00	Müllabfuhr	DM 2,50

Beantworten Sie auf deutsch:

1 Wo sollte man parken?

....

2 Was kostet der Aufenthalt für zwei Erwachsene für zwei Nächte?

....

3 Was kostet der Aufenthalt für ein Baby?

....

4 Braucht man für Hunde hier nicht zu bezahlen?

....

5 Was bekommt man für DM 10,00? (Kreuzen Sie **ein** Bild an.)

....

a

b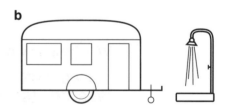

c

d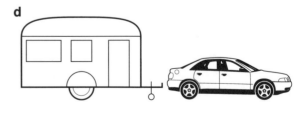

[5 Punkte: 4/5]

5 Hören und antworten

Hören Sie sich die Kassette an und beantworten Sie die Fragen.

1 Wo liegt Platz Nummer 147? Sehen Sie sich den Plan an. A, B, C oder D? [1]

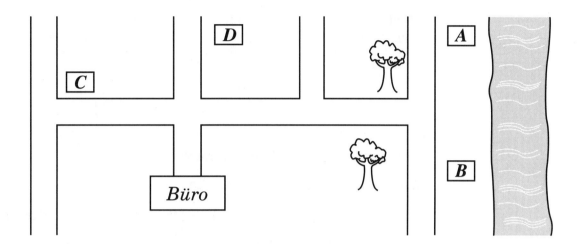

2 Was für Möglichkeiten gibt es auf diesem Campingplatz? Was wird erwähnt? Kreuzen Sie die erwähnten Bilder an. [4]

3 Wann kommt die Müllabfuhr? [1]

....

4 Wann kann man hier einkaufen? [2]

....

5 Wann kann man hier schwimmen? [1]

....

6 An welchem Tag kann man am Schnellimbiß **nicht** essen? [1]

....

[10 Punkte: 7/10]

Im Kaufhaus

1 Lesen und antworten

Lesen Sie dieses Schild:

2. Stock	1. Stock	Erdgeschoß	Tiefgeschoß
RESTAURANT ELEKTROGERÄTE MÖBEL	DAMEN- KONFEKTION HERRENARTIKEL BABYARTIKEL BASTELN SCHMUCK	TABAKWAREN SCHREIBWAREN SCHNELLIMBIß SPORT SOUVENIRS BÜCHER/ ZEITSCHRIFTEN	GELDWECHSEL LEBENSMITTEL SCHALLPLATTEN GESCHIRR BESTECK

Wohin müssen diese Leute gehen?

Machen Sie Kreuze in die Tabelle.

	2. Stock	1. Stock	Erdgeschoß	Tiefgeschoß
Beispiel: „Ich habe so 'nen Hunger. Ich kaufe mir eine Bockwurst und eine Portion Pommes."			X	
1 „Ich such' eine preiswerte Jacke für die Sommerferien."				
2 „Ich suche ein Geburtstagsgeschenk für meine Freundin – Ohrringe vielleicht, oder eine schöne Kette."				
3 „Wir brauchen Tennisbälle. Ich habe gehört, sie sind ganz billig."				
4 „Ich suche Messer und Gabeln und vielleicht einige Suppenteller, wenn ich 'was Schönes finde."				
5 „Ich hoffe, die neueste CD von Revival zu finden."				
6 „Meine Schwester hat letzte Woche Zwillinge gekriegt. Ich suche 'was Schönes für die Kleinen, habe aber überhaupt keine Ahnung, was ich hier kaufen kann."				

[6 Punkte: **5/6]**

2 Hören und antworten

Hören Sie sich die Kassette an. In welchen Stock müssen diese Leute gehen?

	2. Stock	1. Stock	Erdgeschoß	Tiefgeschoß
Beispiel:			X	
1				
2				
3				
4				
5				
6				
7				
8				

[8 Punkte: 6/8]

 3 Sprechen: Rollenspiel

You bought a CD two days ago and are returning it because it contains different songs from those shown on the label. You are offered a replacement but none is available at the moment. You would like your money back but have lost your receipt. Listen to the tape and answer the shop assistant's questions.

 4 Schreiben

Sie waren in einem Kaufhaus. Eine Frau hat etwas gestohlen. Sie haben das gesehen.

Schreiben Sie einen Bericht für die Polizei. Schreiben Sie ungefähr 150 Worte.

- Was hat sie gestohlen?
- Beschreiben Sie die Frau.
- Wie ist das passiert?
- Wer ist gekommen?
- Was haben Sie gemacht?

Auf dem Markt

1 Sprechen: Rollenspiel

You are shopping in a market in Germany.

Listen to the tape and respond appropriately using the cues given below.

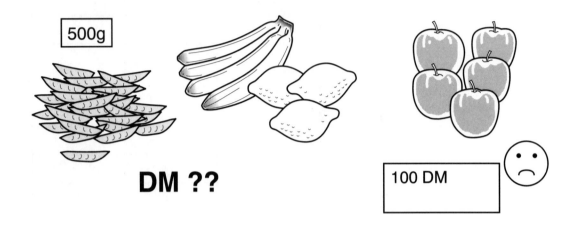

TRANSCRIPTS AND ANSWERS FOR EXTRA TASKS

Auf dem Campingplatz

1   **Sprechen: Rollenspiel**

- Guten Tag. Kann ich Ihnen helfen?
- Wie lange wollen Sie bleiben?
- Für wieviele Personen?
- Und Sie sind mit dem Wohnwagen hier?
- Ist gut. Kein Problem.
- Wir haben ein Lebensmittelgeschäft hier rechts.

5   **Hören und antworten**

Ja, also, Sie haben nur den Wohnwagen. Sie wollen Stromanschluß, ja? Also Platz Nummer 147. Vom Büro gehen Sie hier rechts, fünfzig Meter geradeaus, dann rechts. Nummer 147 liegt direkt am Fluß. Waschmaschinen, Bügeleisen haben Sie hinter dem Büro. Münzen bekommen Sie hier im Büro. Mülleimer gibt es überall – Müllabfuhr jeden Morgen um 7 Uhr 30. Lebensmittel können Sie hier im Geschäft kaufen. Das ist von 7 Uhr morgens bis 21 Uhr abends geöffnet, Mittagspause ist zwischen 1 und 3. Den Fernsehraum finden Sie dort drüben, dem Spielraum gegenüber. Fußballplätze haben Sie schon am Eingang gesehen, ja? Unser beheiztes Freibad dürfen Sie zwischen 13 Uhr und 18 Uhr benutzen. Die Bar macht abends so gegen 18 Uhr auf, und der Schnellimbiß hat jeden Tag ab 11 Uhr auf – außer dienstags. Dienstag ist Ruhetag. Aber sonst bekommt man zu jeder Zeit Pommes Frites, Bockwurst, Currywurst, Kartoffelsalat und so weiter – und alles ganz preiswert.

Im Kaufhaus

2   **Hören und antworten**

Beispiel: *Ich frage mich, ob ich hier einen Badeanzug kaufen kann. Eine Bademütze brauche ich auch.*

1. Ich habe gehört, daß man hier ganz preiswert Babysachen kaufen kann. Ich suche etwas für das Baby meiner Freundin. Es ist gestern geboren.
2. Ich suche etwas typisch Deutsches – ein kleines Geschenk für meine englischen Freunde. Vielleicht ein Bild oder eine Vase.
3. Wir wollen uns einen Stadtplan besorgen. Vielleicht finden wir hier einen.
4. Hier kann man ganz preiswert essen – Vorspeise, Hauptgericht und Nachtisch bekommt man für nur 28 Mark. Komm'. Wir gehen hinauf, ja?
5. Die Dagmar hat mir gesagt, ich finde hier bestimmt einen schönen Lederrock. Was meinst du, Uschi?
6. Wir fahren nächste Woche in die USA. Wir wollen Reiseschecks kaufen. Ist das hier möglich?
7. Ich muß mir ganz schnell einen Kuli kaufen.
8. Michaela hat eine neue Wohnung gefunden. Ich dachte, es wäre schön, ihr ein Geschenk zu kaufen – Tassen, Teller oder so.

3   **Sprechen: Rollenspiel**

- Kann ich Ihnen helfen? Haben Sie ein Problem?
- Wann haben Sie die CD gekauft?
- Leider war das die letzte. Kommen Sie in zwei Tagen zurück – oder wollen Sie lieber Ihr Geld zurück haben?
- Haben Sie Ihre Quittung da?
- Ohne Quittung dürfen wir kein Geld zurückgeben. Sie müssen etwas Anderes aussuchen. Wann können Sie wiederkommen?

Auf dem Markt

1   **Sprechen: Rollenspiel**

- Guten Morgen. Was darf es sein?
- Also. Haben Sie noch einen Wunsch?
- So. Sonst noch etwas?
- Und außerdem?
- Macht insgesamt 11 Mark 50 bitte.
- Kein Problem.

Auf dem Campingplatz

3 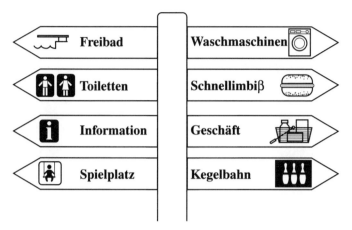 Lesen und antworten

Freibad	Waschmaschinen
Toiletten	Schnellimbiß
Information	Geschäft
Spielplatz	Kegelbahn

[8 Punkte: ⦿ 6/8]

Ergebnis: .... Punkte

4 📖 Lesen und antworten

1 Hier
2 32 DM
3 Nichts
4 Nein
5 a

[5 Punkte: ⦿ 4/5]

Ergebnis: .... Punkte

5 📼 Hören und antworten

1 B
2 Erwähnt:
   Freibad/Waschmaschinen/Bügeleisen/
   Fernsehraum [4]
3 Jeden Morgen um 7.30 Uhr
4 07.00 bis 13.00, 15.00 bis 21.00
   OR 07.00 bis 21.00, Mittagspause von 13.00
   bis 15.00 [2]
5 13.00 bis 18.00
6 Dienstag

[10 Punkte: ⦿ 7/10]

Ergebnis: .... Punkte

Im Kaufhaus

1 📼 Hören und antworten

1 1. Stock, 2 1. Stock, 3 Erdgeschoß,
4 Tiefgeschoß, 5 Tiefgeschoß, 6 1. Stock

[6 Punkte: 5/6]

Ergebnis: .... Punkte

2 📼 Hören und antworten

1 1. Stock, 2 1. Erdeschoß, 3 Erdgeschoß,
4 2. Stock, 5 1. Stock, 6 Tiefgeschoß,
7 Erdgeschoß, 8 Tiefgeschoß

[8 Punkte: ⦿ 6/8]

Ergebnis: .... Punkte